Ulla Rosenberger

Der Schungit

Herkunft und Anwendung eines einzigartigen Heilsteins

Schirner Verlag

Die Anwendungen in diesem Buch stellen keinen Ersatz für medizinische Behandlungen dar. Ungeachtet der hier erbrachten Sorgfalt, die auf die Erstellung von Abbildungen und Text verwendet wurde, können weder Autorin noch Verlag bzw. Herausgeber für eventuelle Fehler und die damit verbundenen Folgen zur Verantwortung im juristischen Sinne gezogen werden. Für die erwähnten Wirkungen und Erfolge kann keine Garantie übernommen werden.

ISBN 978-3-8434-5140-6
ISBN E-Book 978-3-8434-6320-1

Ulla Rosenberger:
Der Schungit
Herkunft und Anwendung eines
einzigartigen Heilsteins

Umschlag: Murat Karacay, Schirner,
unter Verwendung von #146725157
(© vvoe), www.shutterstock.com
Layout: Simone Leikauf, Schirner
Lektorat: Kerstin Noack, Schirner
Printed by: Ren Medien GmbH,
Germany

www.schirner.com

4. Auflage Dezember 2017

Inhalt

Vorwort

»Auch mal wieder«, dachte ich nur, als die erste Schungit-Lieferung in unserem Mineralienladen mit großem Tamtam Einzug hielt. Nach den vielen Jahren, die ich bereits mit Edelsteinen zu tun habe, konnte ich feststellen, dass der Markt in regelmäßigen Abständen einen »neuen« Stein bewirbt, ihn im großen Stil bekannt macht und seine Wirkungsweise als absolut bahnbrechend beschreibt. Es ist also nicht verwunderlich, wenn ich als eine Person, die mit Jahrmillionen alten Schätzen aus der Erde arbeitet, solchen Neuankömmlingen sehr skeptisch gegenüberstehe. Doch es kam, wie es kommen sollte:

Eines Tages – ich war überarbeitet, dazu noch seit Wochen erkältet und in diesem Moment durch ein unschönes Vorkommnis zusätzlich komplett aus meinem seelischen Gleichgewicht gerissen – kämpfte ich mit den Tränen. Um die Fassung wiederzufinden, griff ich nach dem Stein, der mir am nächsten lag. Es war ein Schungit-Herz! Kaum in der Hand, fing der Stein an, durch die gesamte Handfläche zu pulsieren. Ich war so überrascht, dass ich meinen Kummer vergaß und auf das Schungit-Herz starrte. In den wenigen Sekunden war der Stein warm geworden, und das Pochen lief noch immer durch meine Hand. Ein wohliges, entspannendes Gefühl erfüllte mich. »Ich bin sicher«, spürte ich. Damit hatte der Schungit meine Freundschaft gewonnen.

Schungit, der besondere Stein

Entstehung des SCHUNGITS

Die Entstehung des Schungits reicht 2 bis 2,2 Milliarden Jahre zurück. In diesem Zeitalter, dem Präkambrium, hatten sich bereits einfache Lebensformen entwickelt. Es waren Einzeller und Bakterien, die schon mit DNA-Ketten ausgestattet waren. Bei dem größten Teil davon handelte es sich um Cyanobakterien (Blaualgen) und Stromatolyten. Es ist inzwischen belegt, dass in dieser Zeit auch die ersten mehrzelligen Wesen entstanden sind, doch ihre Anzahl war noch gering.

Diese frühen Lebensformen entwickelten sich überall auf dem Planeten. In Senken und Lagunen sowie in warmen Flachmeeren gediehen sie besonders gut, denn hier fanden sie nicht nur Wasser und die richtigen Temperaturen vor, sondern auch eine hohe Konzentration von Salzen und Mineralien, die ihr Wachstum unterstützten. Im Laufe mehrerer Millionen Jahre versanken unzählige Generationen von ihnen Schicht um Schicht in einer Mischung aus Schlamm und Lehm, auch Faulschlamm genannt. Dieses Sediment verdichtete sich und vollzog unter Druck, Wärme und anderen Faktoren mehrere Metamorphosen.

Natürlich waren die Bedingungen nicht überall die gleichen. Wie bei der Entstehung von Edelsteinen spielen auch bei der Versteinerung von organischem Material die äußeren Einflüsse eine entscheidende Rolle. Nur dort, wo dauerhaft Temperatur (meist vulkanischen Ursprungs), Druck (Tektonik) und Zeit im richtigen Verhältnis standen, konnten sich bestimmte molekulare Bausteine bilden. Im Falle des Schungits waren das die Fullerene. Sie kommen in dieser natürlichen Form und Menge nur bei ihm vor. Auch Kohle und Erdöl haben sich aus Faulschlamm gebildet, sie sind aber weit jüngeren Datums und hatten somit nicht die Zeit für die gleiche Metamorphose.

Eine andere Entstehungstheorie besagt, dass der Schungit aus Überresten des Planeten Phaeton entstanden sei. Begründet wird sie unter anderem damit, dass der Schungit bisher nur an einer Stelle der Welt gefunden wurde – nämlich in Karelien. Die Theorie ist aber in keiner Weise wissenschaftlich belegt. Und die Einmaligkeit des Fundorts können auch andere Erdschätze für sich in Anspruch nehmen.

SCHUNGIT in der Geschichte

Es ist davon auszugehen, dass der Schungit bei der Bevölkerung Kareliens schon immer zu Heilzwecken genutzt wurde. Erste geschichtliche Überlieferungen gibt es aus dem späten 16. Jahrhundert. Sie berichten, dass die Mitglieder der beim russischen Volk sehr angesehene Familie Romanow von dem damaligen Herrscher Boris Godunow voneinander getrennt ins Exil geschickt wur-

den, um ihren Einfluss auf die Regierungsgeschäfte einzudämmen. Xenia Romanova wurde nördlich des Onegasees ins Kloster verbannt, wo sie aufgrund ihrer schwachen Konstitution nach Jahren der Entbehrungen schwer erkrankte. Nach ihrer Begnadigung erhielt sie Hilfe von den einheimischen Bauern. Sie behandelten die Frau mit dem Wasser, das aus dem »schwarzen Stein« stammte, woraufhin sie wie durch ein Wunder geheilt wurde. Nach ihrer vollständigen Genesung kehrte sie mit ihrem Sohn Michail wieder nach Moskau zurück. Dieser junge Mann, Michail Fjodor Romanow, übernahm 1613 die Zarenkrone und wurde so der Begründer der Romanow-Dynastie. Die Romanows regierten Russland 300 Jahre lang und lenkten in dieser Zeit maßgeblich die russische Geschichte. **Wäre die Geschichte ohne den Schungit anders verlaufen?**

Erst hundert Jahre später kam der schwarze Wunderstein wieder ins Gespräch. Der damalige Zar Peter der Große unterhielt in Russland mehrere Kupferminen, wovon sich eine in der Nähe des Onegasees in Karelien befand. Mehrere Männer erkrankten schwer wegen der giftigen Erze, die sie förderten. Auch ihnen zeigten die Einheimischen die Quelle und forderten die Arbeiter auf, regelmäßig davon zu trinken. In Niederschriften wurde berichtet, dass alle Männer innerhalb von drei Tagen geheilt waren. Als der Zar dies erfuhr, ließ er die Quelle untersuchen und die vielversprechenden Ergebnisse veröffentlichen, wo-

raufhin die Wunderquelle an Bekanntheit gewann. Damals wurde das Wasser der Quelle »Marzialwasser« genannt, nach dem römischen Gott Mars. Der Zar ließ in der Nähe ein Kurhaus erbauen, das er selbst über viele Jahre regelmäßig mit seiner Familie besuchte und das weit über die Landesgrenzen hinaus bekannt wurde. Es wird ebenfalls berichtet, er habe seinen Soldaten befohlen, einen Schungit in der Feldflasche mitzuführen, um bei guter Gesundheit zu bleiben.

Nach der Amtszeit Peter des Großen geriet die Quelle in Vergessenheit. Nur von den Bewohnern rund um den Onegasee wurden der Stein und das Wasser, das durch ihn floss, weiterhin geschätzt. Erst nach dem Zweiten Weltkrieg wurden die Forschungen zum Schungit wiederaufgenommen.

Noch vor zehn Jahren war der Stein kaum jemandem geläufig. Heute ist seine Heilkraft vielen bekannt, und täglich kommen neue Menschen hinzu, die von ihm begeistert sind.

Zusammensetzung des Schungits

Kohlenstoff

Kohlenstoff ist die Grundlage allen Lebens hier auf Erden. Er hat in jedem Lebewesen – nach dem im Wasser gebundenen Sauerstoff – den größten Gewichtsanteil, denn das lebende Gewebe ist aus organischen Kohlenstoffverbindungen aufgebaut.

Das Element führt im Periodensystem das Zeichen C vom lateinischen Wort *carbō* für Holzkohle. Kohlenstoff hat unendlich viele Gesichter, denn die besondere Anordnung seiner Elektronen erlaubt ihm die Bildung komplexer Moleküle. Dadurch erreicht er unter allen Elementen die größte Zahl an chemischen Verbindungen. Diese bilden die Hauptbestandteile in Carbonatgesteinen sowie in fossilen Rohstoffen wie Kohle, Erdöl und Erdgas. Selbst in der Luft finden wir sie als Kohlendioxid.

Kohlenstoff kommt in unterschiedlichen Modifikationen vor. In der Mineralogie versteht man unter Modifikation die Besonderheit, dass die gleiche Substanz in völlig verschiedenen Erscheinungsformen vorkommen kann. Die drei bekanntesten Erscheinungsformen des reinen Kohlenstoffs sind der Diamant, der Graphit und die Fullerene.

Das Kristallgitter des **Diamanten** hat eine kubische Struktur. Man findet ihn deshalb häufig in Form von Würfeln, Tetraedern oder Oktaedern. Diamant ist das mit Abstand härteste Material, das es auf Erden gibt. Der

Graphit hat eine Schichtstruktur aus regelmäßigen Sechsecken und gehört somit ebenfalls zu den Kristallen. Im Gegensatz zum Diamant ist er so weich, dass man mit ihm schreiben kann. Die dritte Kohlenstoff-Modifikation sind die **Fullerene.** Sie gehören zu den sogenannten Molekülkristallen, die sich locker miteinander verbinden und aus diesem Grund leicht aus ihrem Verbund zu lösen sind. In den letzten Jahren sind etliche Fullerene unterschiedlicher Größe isoliert und als echte Modifikationen des Kohlenstoffs anerkannt worden.

Das Fulleren

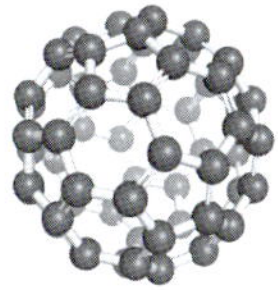

Erst 1985 haben Wissenschaftler die Existenz der Fullerene nachgewiesen. Sie fanden ein Molekül mit 60 Atomen, das in einer kugelähnlichen, stabilen Form aufgebaut war. Es handelte sich um das C_{60}-Fulleren, dessen Atome sich in 20 Sechsecken und in 12 Fünfecken strukturieren und das innen einen Hohlraum bildet. Inzwischen hat man weitere Fullerene isoliert, die aus 70 Atomen und mehr bestehen. Seine außergewöhnliche Stabilität erreicht das Fulleren durch das Zusammenspiel von Druck und Spannung innerhalb der molekularen Struktur, wodurch es sich selbst im Gleichgewicht hält.

Das Prinzip dieses Aufbaus war bereits weit früher bekannt. Wir kennen es vom Fußball, denn dieser besitzt dieselbe Struktur wie das C_{60}-Fulleren. Der bemerkenswerte Ingenieur und Architekt Richard Buckminster Fuller beschäftigte sich mit Konstruktionen aus fünf- und sechseckigen Bauelementen und begann in den 1930er-Jahren, »geodätische« Kuppeln zu entwickeln. Diese sind extrem stabil und mit geringstem Materialaufwand realisierbar. Seine bekannteste Kuppel ist die des Ausstellungspavillons »Biosphere«, den er für die

Expo 67 in Montreal erbaute. Inzwischen findet man diese »Domes« auf Ausstellungen, in wissenschaftlichen Bereichen wie auch in verschiedenen Science-Fiction-Filmen. Fuller wurde Namensgeber der Fullerene, weil deren chemische Struktur an seine Kuppelbauten erinnert. Das C_{60}-Fulleren, dem man eine besonders große Heilwirkung nachsagt, wird in Wissenschaftskreisen oft sogar als »Bucky-Ball« (»Bucky« war Fullers Spitzname) bezeichnet.

Wie aber ist die Heilkraft zu erklären, die von den Fullerenen ausgeht? Warum sind gerade sie in der Lage, den Körper von einem Überschuss an freien Radikalen zu befreien? Dazu schauen wir uns zunächst an, was freie Radikale eigentlich sind:

Freie Radikale sind Molekülfragmente, die regelmäßig infolge von Stoffwechselprozessen aus molekularem Sauerstoff in Zellen entstehen. Die Konzentration der freien Radikale im Körper erhöht sich durch Umweltbelastungen wie Elektrosmog, synthetische Stoffe im Trinkwasser, antibiotikaresistente Keime und natürlich auch durch die Zunahme von Stressfaktoren. Strahlungseinwirkungen, Verbrennungen und Entzündungen rufen eine besonders große Menge an freien Radikalen hervor. Es lässt sich erahnen, dass daraus schnell ein Teufelskreis entstehen kann: Ist unsere Abwehr durch einen der Faktoren wie beispielsweise eine Verbrennung geschwächt, rückt die Gefahr einer Entzündung näher. Der Körper gerät in Stress, und darunter leidet wiederum die Immunabwehr.

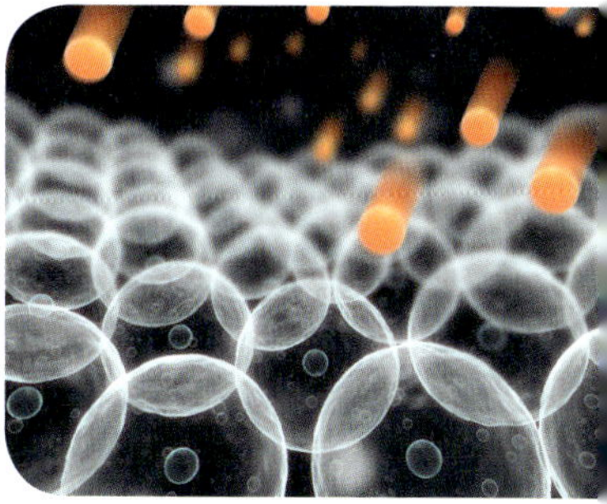

Je mehr die Anzahl der freien Radikale steigt, desto mehr wird der Körper geschwächt. Sie schädigen wichtige Moleküle, wie die DNA, die RNA und eine Vielzahl von Proteinen und Lipiden. Sie sind für den Alterungsprozess der Zellen und somit für den Großteil aller Krankheiten verantwortlich. Gesunde Zellen haben einen natürlichen Abwehrmechanismus gegen freie Radikale. Auch eine gesunde Ernährung mit einem ausgewogenen Maß an Antioxidantien wie Ascorbinsäure, Betacarotin oder Flavonoiden reduziert sie. Dazu verbinden sich die Moleküle der Antioxidantien mit den freien Radikalen zu einem neutralen Stoff, der von der Zelle ausgeschieden wird. Diese körpereigenen und durch die Nahrung zugeführten Abwehrmöglichkeiten halten freie Radikale in aller Regel auf einem ungefährlichen Maß, doch kann aufgrund der oben genannten Faktoren auch schnell eine vermehrte Konzentration auftreten.

Fullerene gehören zu den stärksten bekannten Antioxidantien, denn sie sind in der Lage, freie Radikale in sehr großen Mengen aus dem Körper auszuleiten. Die freien Radikale docken rundherum an dem Fulleren an und werden von ihm dazu angeregt, ihre molekulare Struktur aufzugeben und anschließend neu zu ordnen. Die so entstandene, für uns Menschen ungefährliche Substanz löst sich wieder von dem Fulleren, das nun die nächsten freien Radikale »einfangen« und neutralisieren kann. Das Fulleren bleibt also weiterhin stabil in seiner Molekülstruktur und verbraucht sich im Gegensatz zu den herkömmlichen Antioxidantien nicht. Das erklärt, warum die Heilkraft des Schungits niemals abnimmt.

Im Zusammenhang mit ihrer speziellen Form steht auch die Fähigkeit der Fullerene, pathologischen Veränderungen im Organismus entgegenzuwirken. Sie »erinnern« ihn an seinen Normalzustand und helfen ihm, negative Veränderungen zu beseitigen. Die vitalen Strukturen werden wiederhergestellt oder neu aufgebaut und weiterhin unterstützt. Die Stabilität der Zellen samt ihrem genetischen Inhalt erhöht sich, ihr Stoffwechsel wird normalisiert. Die Regenerationsfähigkeit steigert sich in jeder Hinsicht. Das alles erklärt den großen Wirkungsbereich des Schungits, auf den ich im Kapitel »Wirkung des Schungits« noch genauer zu sprechen komme.

Was sind Hydro-Fullerene?

Russische Wissenschaftler forschen beständig an den Besonderheiten des Schungits. Um die Wirkung des natürlichen Marzialwassers darzulegen, bereiteten sie es in ihren Labors auf, indem sie in einem speziellen Verfahren größere Mengen des Fullerens C_{60} aus Edelschungit gewannen und dem Wasser zuführten. Das mit Schungit-Fullerenen angereicherte Wasser wird als »molekular-kolloidale Lösung« bezeichnet. Das ist ein Begriff aus der Kolloid-Chemie und beschreibt feinste

Teilchen in einer Flüssigkeit. Wenn wir den Schungit ins Wasser legen, können sich ebenfalls Fullerene aus dem Gestein lösen, die damit unser Wasser anreichern. Sie werden Hydro-Fullerene genannt und können in dieser Form sehr effektiv zu Heilzwecken eingesetzt werden.

Die wissenschaftlichen Untersuchungen mit diesen molekular-kolloidalen Lösungen erzielten durchweg positive Ergebnisse in Bezug auf die Bekämpfung von Entzündungen, Allergien, Darmproblemen, Herz-Kreislauf-Erkrankungen und natürlich bei der Abwehr freier Radikale im Körper.

Weitere lebenswichtige Mineralien im Schungit

Außer den Fullerenen finden sich im Schungit noch weitere Moleküle, die der körperlichen Gesundheit zuträglich sind. Diese Liste ist nach der Stärke des Vorkommens in diesem Stein angeordnet. Er enthält:

Kohlenstoff	spielt eine zentrale Rolle in allen Lebensvorgängen
Silizium	gut für den Zellaufbau

Eisen	wichtig für die Bildung roter Blutkörperchen, die für den Sauerstofftransport verantwortlich sind
Magnesium	stärkt Nerven- und Muskeltätigkeit
Kalium	unterstützt die Übertragung elektrischer Impulse in Nerven und Muskeln
Schwefel	gut für die Bildung körpereigener Eiweiße, fördert die Entgiftung
Kalzium	regelt Stoffwechselvorgänge, ist unerlässlich für die Knochenbildung
Phosphor	gut für die Festigkeit von Knochen und Zähnen, wirkt bei der Signalübermittlung innerhalb der Zellen mit

… sowie eine Vielzahl weiterer wichtiger Mineralien und Spurenelemente in veränderlichen Anteilen. Mithilfe der speziellen Kraft des Schungits ist der Organismus in der Lage, nur die von ihm benötigten Mineralien in der richtigen Menge aufzunehmen. Zusätzlich werden Ionenaustauschverläufe eingeleitet, die es dem Körper noch leichter machen, die ihm fehlenden Stoffe aufzunehmen und gleichzeitig störende Elemente loszuwerden. Das bedeutet, dass die Depots im Körper genau dort gereinigt und aufgefüllt werden, wo es nötig ist, Versorgungslücken im

Gegenzug geschlossen werden und somit ein gesundes Gleichgewicht der Mineralstoffe im Körper wiederhergestellt wird. Damit werden vor allem chronische Leiden schon an der Wurzel bekämpft, denn diese entstehen meist dort, wo ein dauerhaftes Ungleichgewicht herrscht.

Die bekannten Kategorien der verschiedenen SCHUNGITARTEN

Edelschungit (Kategorie 1)

Dieser Stein enthält bis zu 98 % Kohlenstoff. Das bedeutet, er enthält eine hohe Konzentration an C_{60}-Fullerenen. Er ist schwarz mit silbrig glänzender Oberfläche. Beim Spalten zeigt sich ein muschelförmiger Bruch, und in manchen Steinen zeigen sich feine Einschlüsse von Eisensulfat, auch Jarosit genannt. Sein silbriger Glanz lässt vermuten, dass er ein kristalliner Stein ist, doch das täuscht. Dieser Schungit ist – wie auch alle anderen – amorph, das bedeutet, seine Moleküle ordnen sich nicht in kristalliner Form. Er ist im natürlichen Vorkommen mit einem Anteil von nicht mehr als 1 % der seltenste Schungit und wird meist in Rohform angeboten.

Schwarzer Schungit (Kategorie 2)

Der Schungit aus dieser Kategorie ist schwarz und lässt sich gut schleifen und polieren. Er hat einen Kohlenstoffgehalt von 50–70 %. Die im Handel erhältlichen Objekte wie Pyramiden, Kugeln, Massagegriffel sowie Herzen und Pi-Scheiben bestehen aus ebendiesem schwarzen Schungit.

Grauer Schungit (Kategorie 3)

Er enthält 30–50 % Kohlenstoff und hat eine graue oder bräunliche Farbe. Er wird kaum zu Heilzwecken eingesetzt und spielt auch im Handel keine wesentliche Rolle.

Schwarzen Schungit oder Edelschungit wählen?

Der Edelschungit ist also aufgrund seines hohen Gehaltes an C_{60}-Fullerenen der am stärksten wirkende Stein unter den drei Arten. Heißt das nun, dass wir nur den Edelschungit verwenden sollten? Oder anders gefragt: Ist alles andere deshalb schlecht? In Abhandlungen wird die Wirkung der beiden anderen Schungit-Kategorien sehr unterschiedlich bewertet, ja, man geht sogar so weit, zu behaupten, dass der schwarze Schungit nahezu wirkungslos sei. Dagegen spricht schon die Tatsache, dass sich das natürliche Vorkommen des Edelschungits auf gerade einmal 1 % weltweit beschränkt. Diese geringe Menge kann kaum die großen Erfolge erklären, die mit dem Schungit jahrhundertelang direkt an der Quelle des Onegasees und inzwischen weltweit erzielt wurden. Ebenso einleuchtend ist, dass die Natur nichts in Kategorien einteilt. Es kann vorkommen, dass ein Edelschungit nur 70 % Kohlenstoff enthält. Dieser Gehalt ist ebenso hoch wie bei einem schwarzen Schungit mit besten Werten.

Meine ersten Erfahrungen habe ich ausschließlich mit dem schwarzen Schungit gemacht, und ich war sehr beeindruckt von seiner immensen Kraft. Lassen Sie sich also beim Kauf nicht verunsichern, und spüren Sie selber nach. So können Sie sicher sein, den richtigen Schungit für sich zu wählen.

Bioenergie

Wie in den allgemeinen Informationen über den Schungit zu lesen war, wird seine positive Wirkung durch eine Vielzahl von bioenergetischen Tests untermauert. Wenn wir uns also ein umfassendes Bild von der Wirkung des Schungits machen möchten, kommen wir an den Forschungsergebnissen der Bioenergetik nicht vorbei. Lassen wir uns deshalb auf eine kleine Exkursion in dieses Feld ein.

Die Bioenergetik geht, wie die traditionelle chinesische Medizin (TCM), von dem Prinzip aus, dass der Organismus jedes Lebewesens ein vollständiges Ganzes ist. Körper, Geist und Seele sind als Einheit zu begreifen, sodass jegliche Einwirkung auf einen Teilbereich dieser Einheit auch Auswirkung auf die anderen Bereiche hat. Auf dieser Grundlage wird deutlich, warum beispielsweise ein traumatisches Erlebnis eine schwere körperliche Krankheit auszulösen vermag, obwohl laut herkömmlicher medizinischer Annahmen kein Zusammenhang zwischen dem einen und dem anderen besteht.

Die Bioenergie stützt sich auf die Erkenntnis, dass sich psychische Energie in messbaren körperlichen Strömen bewegt. In China wurden diese energetischen Ströme 100 n. Chr. erstmals beschrieben, in der westlichen Welt machte sie der Arzt und Psychoanalytiker Alexander Lowen mit seinen Forschungen erst ab Mitte des vorigen Jahrhunderts bekannt. Die energetischen Ströme bilden ein komplexes, den gesamten Körper des Menschen durchdringendes Verteilernetz aus Bahnen (Meridianen) und Zentren (Chakren).

Jedes Lebewesen verfügt über einen solchen »energetischen Körper«. Von ihm werden unablässig Impulse ausgesandt, die sich in Wellen ausbreiten, ähnlich den Kreisen auf einer Wasseroberfläche. Die Impulse aus dem energetischen Körper nehmen ein Feld ein, in dem sie

deutlich messbar sind: das Vitalfeld. Bei einem gesunden Menschen breitet sich das Vitalfeld 150–250 cm um den physischen Körper aus. Die einzelnen »Wellenkreise« könnte man auch als Schichten bezeichnen, die sich durch ihre größere energetische Dichte deutlich voneinander abgrenzen lassen.

Wie aber kann man all diese subtilen Vorgänge und energetischen Felder überhaupt messen? Reichen dafür die bekannten Ruten, Pendel oder Tensoren aus?

Für einen gut geschulten Therapeuten reicht das aus, doch es gibt inzwischen auch eine Vielzahl hochsensibler technischer Geräte zur Erfassung bioenergetischer Wellen. Selbst Zweifler bekommen durch sie ein klares Bild von der energetischen Beschaffenheit lebender Organismen.

Alles, was mit uns und um uns herum passiert, hat einen Einfluss auf unser Vitalfeld. Es wird dichter und größer durch positive Einwirkungen oder aber kleiner und poröser durch Einwirkungen negativer Art. Diese Bewegung der Energieschichten in unserem Vitalfeld ist völlig normal. So wie der Körper durch Aufnahme und Ausscheidung zugeführter Stoffe sein System in der Waage hält, so sucht auch der Vitalkörper durch Integration oder Korrektur der eintreffenden Informationen beständig nach seinem Gleichgewicht und findet es in der Regel auch. Wenn allerdings schädigende Einflüsse zu lange und zu massiv dieses Gleichgewicht stören, kommt es zu Blockaden innerhalb des energetischen Körpers, die wiederum zu Krankheiten führen können.

Elektrosmog, Arbeitsstress und Alltagssorgen gehören zu den schädigenden Einflüssen, denen wir täglich ausgesetzt sind. Wie können wir uns schützen?

Umfangreiche Tests mit dem Schungit haben gezeigt, dass er das Vitalfeld in eindrucksvoller Weise stärkt. In einer Testreihe wurde beispielsweise das Vitalfeld von Probanden vor dem Meditieren mit dem Schungit gemessen und danach. Bei allen Probanden dehnte sich das Feld durch die Meditation gleichmäßig in alle Richtungen und zum Teil um das Doppelte aus. Die Energie verdichtete sich, und die Chakren richteten sich neu aus. Das Gleichgewicht war bei allen Probanden wiederhergestellt.

In einem weiteren Versuch wurde der Einfluss von elektromagnetischen Pulswellen, wie sie von Funknetzwerken (WLAN), schnurlosen Telefonen (DECT) und Handys ausgehen, untersucht. Dafür wurde zunächst ein Referenzprofil der getesteten Person erstellt, im zweiten

Test befand sich diese in einiger Entfernung zu einem der genannten Geräte, wie es im Alltag üblich ist, und im dritten Test schützte sie sich mit dem Schungit. Beim zweiten Test zeigte sich eine Verringerung des Vitalfeldes um 30 %, eine höhere Durchlässigkeit desselben und die Verkleinerung einzelner Chakren. Nach dem Einsatz des Schungits dehnte sich das Vitalfeld wieder aus. Es erlangte seine ursprüngliche Dichte zurück, und auch die Chakren kamen wieder ins Gleichgewicht. Teilweise lagen die Werte nach der dritten Messung sogar leicht über den Werten des Referenzprofils.

In weiteren Tests hat sich gezeigt, dass der Schungit grundsätzlich in der Lage ist, linksdrehende Torsionsfelder (nicht nur jene, die von stromführenden Geräten ausgehen) in rechtsdrehende umzuwandeln. Dies ist auf die im Schungit enthaltenen Fullerene zurückzuführen.

Alle Tests zeigen deutlich:

- Der Schungit verringert die Auswirkungen von elektromagnetischen Strahlungen.
- Er ist in der Lage, Torsionsfelder zu korrigieren.
- Er stärkt das Vitalfeld.
- Er ist durch seine Eigenschaft, sich nicht negativ aufzuladen, unbegrenzt einsetzbar.

Torsionsfelder

Anfang des 20. Jahrhunderts stellte der Mathematiker Élie Cartan die These auf, dass ein sich drehender Körper ein energetisches Feld erzeugen kann. Nachdem diese These achtzig Jahre später bestätigt wurde, begannen umfangreiche Forschungen über die Wirkung dieser Felder unter anderem auf biologische Objekte. Man nannte sie Torsionsfelder (spätlat. »torsio« = »Drehung«) und forschte mit ihnen in unterschiedlichen Bereichen wie beispielsweise der Medizin. Jüngste Forschungen haben bestätigt, dass nicht nur drehende Körper solche Felder erzeugen können, sondern auch geometrische Formen und Symbole, Elektromagnetismus, Musik, Bilder, Bücher und sogar Gedanken. Sie können förderliche oder schädigende Wirkungen auf den lebenden Organismus haben, je nachdem, wer oder was sie ausgelöst hat. Ferner stellte man fest, dass rechtsdrehende Torsionsfelder positiv und aufbauend wirken, wohingegen linksdrehende die Zellen negativ beeinflussen.

Elektromagnetische Energie, und somit alle Strom erzeugenden und Strom führenden Einrichtungen wie WLAN, Handys und Computer, aber auch andere Elektrogeräte sowie Stromkabel haben linksdrehende Torsionsfelder.

Elektrosmog

Die Verwendung elektromagnetischer Strahlungen in der Medizin geht auf das Jahr 1764 zurück. Damals beschäftigte man sich hauptsächlich mit der Frage nach der positiven Auswirkung von Wärmestrahlung. Erst in den 1950er-Jahren, nach Bekanntwerden einiger Störfälle im militärischen Bereich, fingen Wissenschaftler an, sich mit der negativen Seite des Elektromagnetismus zu beschäftigen. Und dennoch: Ungeachtet der sich häufenden Fälle von schweren Erkrankungen (beispielweise Leukämieerkrankungen in Wohngebieten unter Hochspannungsleitungen) dauerte es bis in die frühen 1990er-Jahre, bis sich anerkannte Wissenschaftszweige ernster mit den negativen Folgen elektromagnetischer Strahlung befassten und bis Gesetze mit Bestimmungen über Grenzwerte verabschiedet wurden. Laut diesen Gesetzen liegt die Strahlenbelastung in einem durchschnittlich mit elektronischen Geräten bestückten Büro weit unter den festgelegten Grenzwerten.

Bis zum heutigen Tag hat es den Anschein, als würde eine tiefer gehende Erforschung deshalb nicht sonderlich gefördert werden. Wir sind also auf die Erkenntnisse aus der Bioenergie, der topologischen Physik und ähnlichen alternativen Forschungsbereichen angewiesen.

Elektromagnetische Strahlung geht nahezu von jedem elektrischen Gerät aus. Wir sind in unserer Gesellschaft umgeben von PCs, schnurlosen Telefonen, Handys, Funkmasten, Fernsehern, Mikrowellen und anderen Haushaltsgeräten, die mit Frequenzen arbeiten, die sich nachteilig auf unsere Gesundheit auswirken.

Erste Symptome sind innere Unruhe, irrationale Ängste, Kopfschmerzen, Gereiztheit, Konzentrationsstörungen und Schlaflosigkeit. Neben diesem Nicht-zur-Ruhe-Kommen stellen sich genauso häufig auch anhaltende Müdigkeit, Schwindelgefühle sowie Leistungsabfall ein. Oft werden diese Krankheitsbilder auch von einem geschwächten Immunsystem begleitet, das uns fortwährende bakterielle oder virale Infektionen beschert. Spätestens nachdem sich eines der beschriebenen Symptome eingestellt hat, sollten wir die Notwendigkeit erkennen, uns vor Elektrosmog so gut es geht zu schützen. Doch es fällt uns natürlich schwer, die Quellen dieser schädlichen Einflüsse komplett zu meiden oder wenigstens auf ein unbedenkliches Maß zu reduzieren.

Umso sinnvoller ist es, einen Schungit genau dort einzusetzen, wo elektromagnetische Strahlungen nicht zu vermeiden sind. Bei Laptops oder schnurlosen Telefonen eignen sich Schungit-Plättchen, die auf die Rückseite des Gerätes geklebt werden. Es gibt sie in vielen verschiedenen Größen – passend zum jeweiligen Gerät. Gegen die Strahlungen von unbeweglichen Quellen eignen sich die Formen, die ich Ihnen im nächsten Abschnitt vorstelle.

SCHUNGIT in Form

Kugel

Die Form der Kugel ist überall zu finden: in Flora und Fauna, im kleinsten Atom und im größten Stern. Sie fasst bei geringster Oberfläche das meiste Volumen, ist aus diesem Grund wenig angreifbar und deshalb ideal als Grundform für das Leben selbst. Ihre Form geht mit unserem Vitalkörper in Resonanz, harmonisiert und gleicht aus. Die Kugel ist das Symbol für das Ganze schlechthin.

Eine Kugel aus Schungit ist sehr gut geeignet, wenn wir unsere innere Mitte wiederfinden wollen. Sie vermittelt Ausgeglichenheit, Geborgenheit und Ruhe. Obendrein eignet sie sich für nahezu alle Wohn- und Arbeitsräume. Für Patienten im Wartezimmer ist sie ebenso hilfreich wie zu Hause bei der Meditation.

Reichweite der Schungit-Kugel in einer neutralen Zone:

Ø 40 mm erzielt eine Reichweite von 2 Metern.

Ø 60 mm erzielt eine Reichweite von 3,6 Metern.

Ø 80 mm	erzielt eine Reichweite von 6,6 Metern.
Ø 100 mm	erzielt eine Reichweite von 12 Metern.

Pyramide

Die Pyramide verfügt über immense Strahlkraft und hat einen günstigen Einfluss auf Mensch, Tier und Pflanze. Schon wenige Minuten nach dem Aufstellen einer Pyramide mit gleichen Winkeln, wie sie die Cheops-Pyramide aufweist, erhöht sich unser Energieniveau deutlich. In Tests sprachen Probanden von einem Kribbeln im ganzen Körper, von einem erhöhten Verlangen, sich zu bewegen, und einem Gefühl von Vitalität und Kraft.

Um in einem Arbeitsraum ein positives Klima zu schaffen, den Energielevel sowie die Konzentration zu steigern, eignet sich eine Schungit-Pyramide besonders gut. Sie wird gerne auch zur Abwehr von elektromagnetischen Wellen eingesetzt, vor allem von jenen, die von Funkmasten oder anderen weitreichenden Quellen ausgehen. Um den jeweiligen Raum optimal zu schützen, ist es wichtig, die richtige Größe zu wählen: Die durchschnittliche Reichweite einer Schungit-Pyramide richtet sich nach ihrer Seitenlänge:

50 x 50 mm	erzielt eine Reichweite von 2 bis 3 Metern.
70 x 70 mm	erzielt eine Reichweite von 3 bis 4 Metern.
100 x 100 mm	erzielt eine Reichweite von 4 bis 5 Metern.
150 x 150 mm	erzielt eine Reichweite von 6 bis 7 Metern.

Diese Messdaten gelten grundsätzlich für neutrale Zonen. Bei längerem Arbeiten am Computer ist es günstig, eine Pyramide zwischen sich und dem Gerät zu platzieren. Hierfür reicht eine Pyramide mit einer Seitenlänge von 50 x 50 mm aus.

Platte

Es gibt sowohl quadratische als auch rechteckige Schungit-Platten in allerlei Größen und Stärken. Durch ihre praktische Form ergeben sich eine Vielzahl von Einsatzmöglichkeiten. So leistet eine Platte beispielsweise als Untersetzer für Speisenbehälter gute Dienste und bewahrt andere Edelsteine vor negativer Aufladung. Zudem schützt sie auf oder neben Elektrogeräten vor deren Strahlung. Große Platten haben durch die eingelagerten Jarositadern (Eisensulfat) sehr häufig ein faszinierendes Muster. Das macht diesen Schutzstein gleichzeitig zu einem attraktiven Objekt für Ihre Wohnung.

Runde Platten können als Glasuntersetzer genutzt werden. Kleine Plättchen mit Klebefläche gibt es im Handel für Handys und andere mobile Elektronik.

Zylinder

Lange Zeit war unklar, welche Bedeutung die zylindrischen Stäbe haben, die ägyptische Statuen häufig in ihren Händen halten. Russische Wissenschaftler haben nach der Entdeckung alter überlieferter Schriften erfahren, dass die Pharaonen und Adepten des alten Ägypten die Zylinder für medizinische Zwecke nutzten.

Die Zylinder wurden nach Vorgabe dieser Schriften rekonstruiert und jahrelang erforscht. Die Ergebnisse waren überraschend. Es zeigte sich, dass die Zylinder wohltuend auf Menschen, Tiere und Pflanzen wirken. Sie scheinen sich individuell auf den Menschen einzustellen und heilend auf dessen Organismus zu wirken.

Schungit-Zylinder zeigen ebenso wie ihre ägyptischen Vorbilder eine Reihe von positiven Wirkungen. Probanden sprechen von einer Erhöhung des Energiespiegels sowie einer deutlichen Reduzierung von Stress und dessen Symptomen. Für Menschen mit hoher körperlicher und geistiger Belastung sind sie eine große Hilfe.

Die zylindrischen Stäbe bekommen Sie im Handel auch als Gegensatzpaar, das zum Ausbalancieren der inneren Energien (Yin und Yang) verwendet wird. Dabei besteht einer der Stäbe aus Schungit und der andere aus Talkchlorit (Speckstein).

Würfel

Aufgrund seiner kompakten, stabilen Form wirkt der Würfel sichernd und stabilisierend. Er geht in Resonanz mit dem ersten Chakra und ist daher bestens geeignet, um sich zu erden. Rückverbindung und Schutz sind die Themen des Schungit-Würfels. Für Menschen, die sich oft Angriffen von außen ausgesetzt fühlen, ist er der ideale Stein. Sehr gut geeignet ist er auch bei Konzentrationsschwäche und vorschnellem Aufgeben von Projekten. Er hilft, bei der Sache zu bleiben, und ist daher gut zum Arbeiten sowie zum Lernen geeignet. Ein Schungit-Würfel reicht ähnlich weit wie eine Pyramide mit gleicher Kantenlänge (siehe Tabelle im Abschnitt »Pyramide«).

Schmuck

Ein Schungit, der am Körper getragen wird, beugt negativen Veränderungen im Organismus vor und wirkt bereits vorhandenen sogar entgegen, indem er das Energiefeld seines Trägers verdichtet und damit nachhaltig stärkt. Durch das beständige Vorhandensein einer solchen Energiequelle kann der Mensch sich nicht nur körperlich, geistig und seelisch regenerieren, sondern er kann sich auch Stück für Stück neuen Raum für Ideen und Ziele schaffen, die er schon lange einmal in Angriff nehmen wollte. Denn nun fühlt er die Kraft und vor allem auch den Schutzschild gegen schädliche Einwirkungen von außen, die dafür notwendig sind.

Der krank machende Einfluss elektromagnetischer Wellen beispielsweise begleitet uns inzwischen in allen Lebensbereichen. Bei der Arbeit am Computer oder in Räumen mit einer Vielzahl an Geräten ebenso wie in Städten, in öffentlichen Verkehrsmitteln und zweifellos in Flugzeugen ist die Belastung hoch. Doch nicht nur Elektrosmog gilt es abzuwehren, sondern auch Krankheitskeime, Lärm, Stress und negative Übergriffe durch andere Personen.

Einen Anhänger aus Schungit auf dem Solarplexus zu tragen, leistet hier gute Dienste. Handelt es sich um eine hohe und permanente Belastung, empfiehlt sich eine Kette aus Schungit-Perlen. Die Gesamtmenge an Schungit ist bei der Kette höher als bei einem Anhänger, gleichzeitig liegt sie großflächig auf der Haut auf. Ebenso hilfreich kann ein Armband wirken – vor allem, wenn eine Überbeanspruchung der Gelenke vorliegt. Wenn Sie aus beruflichen Gründen häufig telefonieren müssen, empfehle ich neben dem Schungit-Plättchen auf dem Gerät zusätzlich Ohrringe mit Schungit, um das Gehör noch besser zu schützen.

Ei

Das Schungit-Ei wirkt harmonisch und verbindet zwei Pole, zwei Gegensätze miteinander: die Kraft des Bestehenden und den Impuls des Voranschreitens. Es symbolisiert das Leben selbst, die Entwicklung, den Fortbestand. Ein Schungit-Ei kann jene Menschen unterstützen, die an einer Schwelle zu etwas Neuem stehen, die sich beruflich oder privat weiterentwickeln wollen, aber auch solche, die einen Schutz benötigen, wie ihn die Hülle des Eies repräsentiert. Wenn wir es genau beleuchten, dann wird uns klar, dass Entwicklung und Schutz zusammengehören. Das eine kann ohne das andere nicht stattfinden. Jeder neue Keim ist zunächst klein und zerbrechlich. Damit er wachsen kann, ist eine ausreichende Schutzhülle unbedingt vonnöten. Der Schungit hat die Eigenschaft, beides zu gewährleisten, wie wir inzwischen wissen. Deshalb eignet sich das Schungit-Ei hervorragend als Begleiter auf neuen Wegen.

Bei der Bemessung der Reichweite können Sie sich an den Angaben für die Kugel orientieren. Der kleinere Durchmesser des Schungit-Eies ist mit ihrem Durchmesser vergleichbar und erzielt die gleiche Reichweite.

Handschmeichler

Sie sind da, wenn der Mensch innehält, unterwegs ebenso wie zu Hause. Ob beim kurzen Abschalten vom Arbeitsalltag oder beim Füße-Hochlegen und Entspannen im behaglichen Heim: Handschmeichler helfen Ihnen, den alltäglichen Trott zu unterbrechen. Ovale Formen harmonisieren und verleihen neue Kraft, flache Formen erden und entspannen, und Herzen regen Gefühl und Empfindungsfähigkeit an. Kleinere Handschmeichler können Sie bequem unterwegs in der Hosentasche mit sich führen. Größeren Exemplaren geben Sie am besten einen Platz, an dem Sie zwischendurch nach ihnen greifen können, wie beispielsweise den Schreib- oder Wohnzimmertisch. Die Energie des Schungit-Handschmeichlers eignet sich aufgrund ihrer reinigenden und stärkenden Wirkung auf die menschliche Aura auch vorzüglich für therapeutisches Arbeiten und zum Meditieren.

Vom Brocken bis zum Pulver

Bei einem komplett naturbelassenen Stein, der bis auf die Spuren seines Abbaus (Bruch) keine Bearbeitung aufweist, spricht man vom Rohstein.

Die Natur ist wie das Leben selbst. Sie ist durchsetzt von unregelmäßigen Höhen und Tiefen, und sie beschreibt überraschende Wendungen. Sie ist mal glatt oder sanft und mal rau oder scharfkantig. Ihre Formensprache ist wie ihr gesamtes Wesen: Sie lässt sich schwer berechnen, und das in jedem Wortsinn. Aber genau diese Eigenschaft macht die Natur wandelbar, anpassungs- und widerstandsfähig, also beständig. Sie macht diese zum Überlebenskünstler.

Auf den Heilstein übertragen, symbolisiert die rohe, also unbehandelte und ungeschliffene Steinform Ursprünglichkeit, Natürlichkeit und auch geistige Freiheit. Der Rohstein steht für die Übertragung der elementaren Kräfte. Seine durch zahlreiche Erhebungen und Vertiefungen sehr große Oberfläche zeigt vor allem im Wasser einen positiven Effekt.

Schungit in Rohform können Sie im Handel in Faustgröße oder in jeder kleineren Größe bis hin zu feinem Pulver erwerben. Große Stücke sind für die energetische Reinigung von Räumen sowie für die Entladung von großen Edelsteinen gut geeignet. Walnussgroße Stücke werden zur Herstellung von Schungitwasser genutzt, zum Legen von Steinkreisen oder für Pflanzen. Kleinere Stücke und Splitt sind ebenfalls für die Herstellung von energetisiertem Wasser zu empfehlen. Schungitsplitt leistet auch gute Dienste bei der Fußreflexzonenmassage und wird als Füllung für Schungitkissen genutzt. Sowohl Splitt als auch Pulver dienen zur Aufbereitung von konzentrierter Schungitlösung. Bei der Herstellung von Schungitpaste empfehle ich, ein feines Pulver des Steins zu verwenden.

Wirkung des Schungits

Hinweis: Der Schungit ist ein nützlicher Helfer auf dem Weg zu Ihrer Gesundheit, aber er ersetzt nicht den Gang zum Arzt!

Kleine SCHUNGIT-Hausapotheke

Für eine gut ausgestattete Schungit-Hausapotheke brauchen Sie etwa 200 g Schungit-Rohstücke oder Splitt für die Herstellung von Schungitwasser und 100–200 g Pulver für das Ansetzten einer konzentrierten Schungitlösung. Damit haben Sie schon eine gute Basis, mit der Sie arbeiten können. Zusätzlich können Sie sich noch ein Päckchen Schungitpulver für weitere Zwecke zur Seite legen. Das Pulver gibt es in verschiedenen Verpackungsgrößen im Fachhandel zu kaufen.

Schungitwasser

Wichtig für ein wirksames Schungitwasser ist ein gutes Quell- oder Osmosewasser als Grundlage. Um ein wertvolles, gereinigtes Wasser zu erhalten, können Sie auch Spezialfilter verwenden, die komplett mit Schungit arbeiten oder Schungitschichten enthalten.

Für das Ansetzen des Wassers eignen sich rohe Bruchstücke des Schungits besonders gut. Je kleiner die Stücke sind, desto größer ist die Fläche, die mit dem Wasser reagieren kann. Die positive Wirkung wird dadurch beschleunigt. Um Schungitwasser herzustellen, geben Sie 100 g schwarzen Schungit oder 50 g Edelschungit auf einen Liter Wasser. Setzen Sie das Wasser in einer Glas- oder Porzellankaraffe an. Nach zwanzig Minuten können Sie es bereits nutzen. Lassen Sie sich von der Eintrübung des Wassers direkt nach dem Ansetzen nicht stören. Die Schwebstoffe setzen sich schnell ab, und das Wasser wird wieder klar. Es ist bis zu drei Tage haltbar. Setzen Sie nur so viel Wasser an, wie Sie und Ihre Familie in diesen drei Tagen verbrauchen.

Einige Menschen vertreten den Standpunkt, man solle immer einen Rest des alten Wassers in der Karaffe zurücklassen und mit frischem Wasser auffüllen. Das mag wohl für Sauerteig eine prima Sache sein, sollte aber bei einem Lebensmittel wie Wasser nicht praktiziert werden.

Es stimmt zwar, dass der Schungit das Wasser besonders lange frisch halten kann, doch je nach Beschaffenheit des Wassers können sich mit der Zeit Calcium, Metalle und andere Stoffe an der Oberfläche des Schungits festsetzen, in denen sich Keime bilden können. Auch Staub und Lichteinfall begünstigen eine Verkeimung. Daher ist es besser, das Schungitwasser vollständig aufzubrauchen. Danach können Sie Karaffe und Steine reinigen und anschließend neues Wasser ansetzen. Damit sind Sie auf jeden Fall auf der sicheren Seite.

Konzentrierte Schungitlösung

Dafür nehmen Sie Wasser und Schungitpulver im Verhältnis 3:1 – beispielsweise 300 ml Wasser (vorzugsweise Quellwasser) mit 100 g Pulver –, verrühren es gut und stellen die abgedeckte Mischung an einen kühlen, dunklen Ort, wo sie vier bis acht Stunden ruhen kann. In dieser Zeit setzt sich das Pulver ab, und das Wasser sättigt sich mit Fullerenen, die sich aus dem Schungit lösen. Die fertige Mischung geben Sie nun in ein verschließbares Gefäß aus Glas. Die Lösung gilt wegen ihrer Mineralien und Fullerene als lange haltbar. Ich selbst rate dennoch dazu, sie innerhalb von zwei Wochen aufzubrauchen und dann wieder neu anzusetzen.

Schungitpulver ist etwa zwei Jahre einsetzbar. Danach hat sich ein Großteil der Fullerene aus dem Pulver gelöst, und dieses sollte ausgetauscht werden. Es wird dann aber immer noch gute Dienste beispielsweise als Düngemittel für Ihre Pflanzen leisten.

Möglichkeiten der Anwendung von SCHUNGIT-PRODUKTEN

Spray

Füllen Sie hierfür die konzentrierte Schungitlösung in einen Pumpsprayer, am besten einen aus Glas. Das Spray ist als Begleiter für unterwegs vor allem dort geeignet, wo viele Menschen zusammenkommen. Es dient zum Schutz der eigenen Aura, zum Erfrischen der Haut sowie zur Auffrischung des Raumklimas. Es kann negative Aufladungen neutralisieren und dadurch bestehende Spannungen auflösen. Auch Pflanzen und Tiere profitieren von der belebenden Wirkung des Sprays.

Gesichtslotion

Hierzu geben Sie ein paar Tropfen der Lösung auf ein Wattepad und betupfen damit das gereinigte Gesicht und den Hals. Wiederholen Sie die Behandlung eine Woche lang jeden Morgen und jeden Abend.

- Die Lotion gleicht Rötungen aus, indem sie Irritationen der Haut lindert.
- Sie fördert die Durchblutung von unterversorgten Hautpartien und sorgt damit für einen rosigen Teint.
- Sie reinigt die Poren und beugt Entzündungen vor. Das Hautbild wird klarer.
- Sie fördert die Regeneration der Zellen. Die Gesichtshaut wird elastischer und kann wieder mehr Feuchtigkeit aufnehmen. Sie wirkt dadurch frischer und jünger.

Wundlotion

Als erste Maßnahme beim Säubern von Wunden träufeln Sie so viel von der Schungitlösung über die Wunde, bis alle Verunreinigungen herausgeschwemmt sind. Anschließend legen Sie einen Schutzverband an. Wiederholen Sie diese Behandlung mit Verbandwechsel zweimal täglich. Die Wunde kann so schnell und sauber verheilen. Sie können das Beträufeln mit Schungitlösung ohne Weiteres auch nach Verheilen der Körperstelle fortsetzen. Damit erreichen Sie ein schnelles Verblassen der Narbe.

Mundwasser

Für die tägliche Mundpflege nehmen Sie nach dem Zähneputzen einen Teelöffel Schungitlösung auf ein Glas Wasser zum Spülen. Es stärkt die Mundschleimhaut, vermindert schädliche Bakterien und wirkt vorbeugend gegen Parodontose. Bei Entzündungen, Bläschenbildung und anderen gesundheitlichen Problemen im Mundbereich verwenden Sie die unverdünnte Lösung.

Zum Einnehmen

Schungitwasser wird inzwischen von vielen Menschen wegen seiner energetisierenden Wirkung geschätzt. Zudem eignet es sich hervorragend für den Erhalt eines intakten Immunsystems und eines gesunden Verdauungstrakts. Als Prophylaxe empfehle ich täglich ein Glas Schungitwasser, das sie wie auf Seite 45 beschrieben angesetzt haben. Wenn Sie das Wasser in Form einer Kur nutzen wollen, erhöhen sie die Menge auf drei Gläser täglich, die Sie ein bis zwei Wochen lang zu sich nehmen. Danach legen Sie eine Pause von vier Wochen

ein. Bei Bedarf können Sie die Kur dann wiederholen. Sollte ein Infekt oder eine Störung im Körper vorliegen, können Sie die Dosis ebenfalls auf zwei, maximal drei Gläser pro Tag erhöhen.

Tipp: Um einen ruhigen Schlaf zu garantieren, sollten Sie bis zu zwei Stunden vor dem Zubettgehen kein Schungitwasser mehr trinken.

Badezusatz

Sehr gut als Badezusatz zu nutzen sind die im Handel erhältlichen Säckchen mit Schungitsplitt. Dazu halten Sie das Säckchen unter das einlaufende Badewasser und drücken es mehrfach, damit sich die losen Schungitpartikel herauslösen und das Wasser leicht grau einfärben. Nehmen Sie nun Ihr Bad 15–30 Minuten lang und nicht später als zwei Stunden vor dem Schlafengehen. Sie können einmal alle zwei Wochen in Schungitwasser baden oder im Rahmen einer Kur vier Wochen lang zwei- bis dreimal pro Woche ein Bad nehmen und danach eine Pause von einem Monat einlegen. Das Säckchen kann bis zu sechsmal verwendet werden. Dazu hängen Sie es nach der Anwendung zum Trocknen auf.

Als Badezusatz eignen sich aber ebenso gut 1 ½–2 Liter Schungitwasser oder ½ Liter Schungitlösung. Schungitbäder verbessern die Durchblutung, lindern Müdigkeit und geben ein Gefühl der Leichtigkeit. Sie helfen bei Erkältung, bei Muskelkater und bei Arthrose.

Schungitpaste

Für die Herstellung von Schungitpaste benötigen Sie feines Schungitpulver und Wasser in einem Verhältnis von 2:1. Die Komponenten sollten in einer Porzellanschüssel ausgiebig verrührt werden, bis eine homogene, cremige Masse entsteht. Danach tragen Sie die Paste auf die betreffenden Stellen etwa fingerdick auf. Gehen Sie

dabei behutsam vor, denn die Paste sollte nicht in die Haut einmassiert werden. Anschließend wird die behandelte Körperpartie mit Plastikfolie umwickelt und mit einem Handtuch abgedeckt. Sie können die Paste auch lauwarm anrühren und ebenso das Handtuch vor Gebrauch anwärmen, sofern dies gewünscht oder im Einzelfall förderlich ist. Die Paste sollte mindestens 30 Minuten einwirken und maximal 2 Stunden auf der Haut verbleiben. Danach ist sie bequem mit warmem Wasser abwaschbar. Verbliebene Reste lassen sich mit Reinigungsmilch oder einer Körperlotion entfernen.

Die Paste eignet sich sehr gut bei Prellungen und ähnlichen Verletzungen sowie bei Sonnenbrand oder Schuppenflechte. Des Weiteren hilft sie bei Schmerzen in arthritischen Gelenken.

Schungitcreme

Um eine Schungitcreme herzustellen, gehen Sie ähnlich vor wie bei der Paste. Verwenden Sie ein Mengenverhältnis von maximal 1:1. Als einfache Faustregel gilt: Nehmen Sie nur so viel Pulver, dass die Creme noch weich und streichfähig bleibt. Sie eignet sich besonders gut für trockene oder empfindliche Hautpartien. Nach einer Einwirkzeit von 30 Minuten können Sie die Creme mit Wasser und einer milden Reinigungsmilch entfernen.

Schungitsplitt für die Fußreflexzonenmassage

Für die Anwendung streuen Sie 2–3 kg Splitt in eine kleine Wanne und geben so viel warmes Wasser darauf, dass es Ihnen bis zum Knöchel reicht. Dann »treten« sie vorsichtig auf den Splitt. Wer empfindliche Fußsohlen hat, kann sich zu Beginn auf einen Stuhl setzen. Auf diese Weise ist der Druck der teilweise spitzen Steine auf die Fußsohlen nicht so stark. Die Massage sollte nicht länger als 15 Minuten dauern und mindestens 2 Stunden

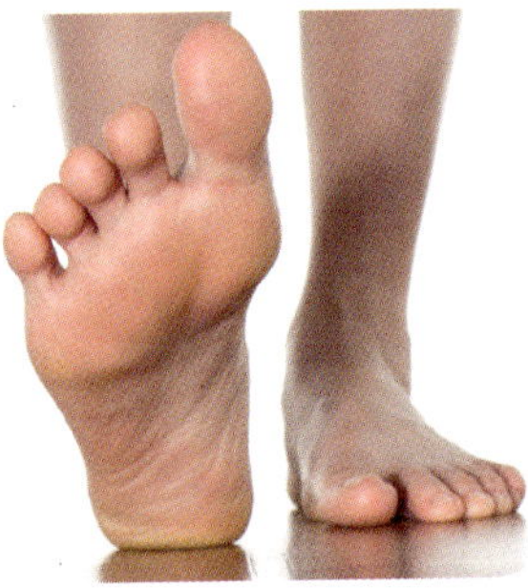

vor dem Zubettgehen ausgeführt werden. Die aktiven Zonen aller Organe befinden sich an den Fußsohlen. Sie werden durch die Massage stimuliert, wodurch die Durchblutung im gesamten Körper verbessert, Energieblockaden gelöst und die Selbstheilungskräfte angeregt werden. Nicht zuletzt ist diese Massage ein fantastisches Mittel, um Müdigkeit zu vertreiben.

SCHUNGIT als Schutzstein

Ein gesundes, starkes Lebewesen ist kaum angreifbar. Seine Stabilität kommt von innen und strahlt in alle Richtungen. Das spürt es selbst, und das spüren auch alle anderen Wesenheiten im Umfeld. Allein mit dieser Ausstrahlung hält es potenzielle Feinde oder negative Elemente fern. Doch wie halten wir uns auf Dauer so stabil?

Es gibt immer Momente, in denen wir uns angreifbar fühlen. Der Schungit hat sich als guter Helfer in schweren Zeiten schon vielfach bewährt. Er stärkt das erste Chakra in einer Weise, dass es sich anfühlt, als sei die eigene Welt größer und weiter, als bekäme das Empfinden von Stabilität eine neue Dimension. Das liegt daran, dass er dem gesamten Vitalfeld eine größere Dichte verleiht und es damit weniger anfällig für Störungen macht. So wie ein Baum gesund und widerstandsfähig bis in die einzelnen Blätter ist, wenn seine Wurzeln optimal versorgt werden, stärkt der Schungit unseren Körper und die gesamte Aura. Unser Energiefeld weitet sich aus, wodurch wir wieder einen natürlichen Zugang zur eigenen Spiritualität finden. Das Gleichgewicht zwischen Spirit und Erde ist somit wiederhergestellt. Krankheits- oder Schwächesymptome werden gemindert. Wir fühlen uns ausgeglichen, sicher und stark. Dies sind die Eigenschaften, die den Schungit zum Schutzstein machen, denn nur wenn Körper, Geist und Seele eine Einheit bilden, kann Heilung stattfinden.

Wirkung des SCHUNGITS auf die Psyche

In einer Welt, in der sich Zeit- und Leistungsdruck stetig erhöhen, bleiben seelische Konflikte und Ängste nicht aus. Jedes Lebensalter bekommt den ungeheuren Druck zu spüren: Kinder werden zusätzlich zu dem Lernpensum, das sie in der Schule erfüllen müssen, beinahe täglich

dem Druck von zusätzlichen Musik-, Sport- oder Sprachkursen ausgesetzt. Jugendliche kämpfen um gute Noten, um sich einen Studienplatz zu sichern, oder wetteifern im Rennen um die wenigen guten Ausbildungsplätze. Später kommt der tägliche Stress der Arbeitswelt hinzu, während man gleichzeitig die Kinder gut erziehen und einen angenehmen Lebensstandard erhalten möchte. Selbst im Alter haben viele Menschen keine Möglichkeit, zur Ruhe zu kommen, weil die Rente nicht ausreicht.

Bei so viel Druck kann selbst ein starker Charakter »in die Knie« gezwungen werden. Die Folgen sind Stress, negative Emotionen, Ängste, Depressionen oder gar Burn-out. Ist die Belastung zu hoch geworden, sollte man sich auf jeden Fall bei ausgebildeten Fachkräften wie Ärzten oder Psychologen Hilfe holen. Wichtig bei einer solchen Fachkraft ist, dass sie uns sympathisch ist, damit wir Vertrauen aufbauen können.

Jeder von uns hat darüber hinaus die Möglichkeit, mindestens einmal am Tag innezuhalten und ein besonderes Augenmerk auf sein Seelenleben zu legen. Dabei erkennen wir, welche allzu belastenden Dinge einfach losgelassen werden können und welche Sorgen durch Entspannungstechniken verblassen. Bei der Ausführung dieser Techniken ist ein Schungit sehr hilfreich. Sie können ihn dabei in der Hand halten oder in Reichweite aufstellen, damit sich Entspannung sowie innerer Ausgleich noch vertiefen und die ursprüngliche Kraft wieder zurückkehrt. Um die eigene Psyche noch nachhaltiger zu stützen, rate ich zu einem schönen Schmuckstück aus Schungit. Ein Anhänger, auf der Thymusdrüse oder dem Solarplexus getragen, entfaltet den inneren Schutzschild. Eine Kette aus Schungit-Perlen gibt ganzheitlich Energie, vor allem im Bereich des Rückens.

Wirkung des SCHUNGITS auf den Körper

Die Wirkung des Schungits auf unseren Körper gilt allgemein als heilend und verjüngend. Sie ist so umfassend und vielschichtig, dass er für jeden von uns in irgendeiner Weise nützlich sein kann. Deshalb können auch und vor allem Menschen mit schwacher Konstitution von diesem einzigartigen Stein profitieren. Sein Einsatz hat sich schon vielfach bewährt – vor allem bei Schulkindern, älteren Leuten sowie Menschen, die sich in einem Heilungsprozess befinden. Dennoch empfehle ich Menschen mit starken gesundheitlichen Beeinträchtigungen zumeist, die Anfangsdosierung um mindestens zwei Drittel zu reduzieren oder – noch besser – einen Arzt aufzusuchen, der mit dem Schungit vertraut ist, um sicherzugehen, dass sie von der Energie des Steins nicht überfordert werden.

Allergie

Allergien entstehen durch eine Überreaktion des Immunsystems auf Stoffe, die in der Regel harmlos für den Menschen sind. Dabei handelt es sich häufig um Pollen, bestimmte Lebensmittel, Tierhaare oder Hausstaub.

Unser Körper besitzt effektive Abwehrstrategien, um mit unerwünschten Eindringlingen wie Bakterien, Viren oder Giften fertigzuwerden. Eine dieser Abwehrmechanismen sind die Antikörper – das sind Eiweißkörper im Blut, die genau auf den Eindringling (Antigen) abgestimmt sind, ihn einfangen und unschädlich machen.

Bei einer allergischen Reaktion »erkennen« die Antikörper einen Feind, und der Organismus produziert mehr Antikörper als nötig. Diese sind nun nicht mehr nur im Blut, sondern auch in den Zellen vorhanden. Dort wiederum lösen sie eine Kette von neuen Reaktionen aus, unter anderem die Ausschüttung von Histamin.

Dieser aggressive Botenstoff verursacht die typischen Symptome wie Juckreiz, Schleimhautreaktionen oder Schwellungen.

Noch immer ist nicht vollständig geklärt, warum das Immunsystem derart »überreagiert«. Sie können es aber mit Schungit unterstützen, wieder in Balance zu kommen. Seine Fullerene helfen dabei, den gesamten Organismus auf seine ursprüngliche, naturgegebene Funktion einzustellen. Dazu gehört auch die Unterscheidung zwischen »wahren Feinden« und solchen, die gar keine sind. Sobald sich das System wieder im Gleichgewicht befindet, schütten die Zellen weniger Histamin aus, und die Symptome lassen nach.

Mit einem Glas Schungitwasser täglich können Sie eine gute Grundlage für eine Besserung schaffen. Dennoch: Die Ursachen von Allergien und ihre Symptome sind sehr unterschiedlich. Um sie bei der Wurzel zu packen, ist je nach Art eine individuelle Behandlung erforderlich. Dabei kann Ihnen sicher ein mit Schungit vertrauter Arzt oder Heilpraktiker hilfreich zur Seite stehen.

Atemwege/Mund

Atemwegsinfekte gehören zu den häufigsten Erkrankungen in den gemäßigten Klimazonen. Dabei sind die Industrienationen besonders betroffen. Vor allem im Winter leidet beinahe jeder Deutsche einmal an Schnupfen und Husten, und sie zu bekämpfen erfordert Zeit, weil die Infekt auslösenden Bakterien häufig gegen diverse Antibiotika resistent sind. Wir kommen jeden Tag mit Menschen in Kontakt, wobei eine Ansteckung sehr schnell geschehen kann. Ein beständiger Wechsel zwischen Wärme und Kälte sowie trockene Heizungsluft tun ihr Übriges.

Deshalb empfehle ich für jene, die wiederholt an grippalen Infekten leiden, eine Halskette oder einen Anhänger aus Schungit. Hat es Sie schon »erwischt«, setzen Sie eine konzentrierte Schungitlösung (Seite 47) an, und gurgeln Sie drei- bis fünfmal täglich damit, oder inhalieren Sie das erwärmte Wasser am Morgen und am Abend. Sie können auch Nasenspülungen damit durchführen. Dafür mischen Sie die kalte konzentrierte Schungitlösung mit heißem Wasser, bis die richtige Temperatur für die Nasenspülung erreicht ist, und führen die Nasenspülung in gewohnter Weise durch. Durch seine stärkende, antivirale und antibakterielle Eigenschaft lindert der Schungit die Krankheitssymptome und verhilft Ihnen zu schneller Heilung. Das Schungitwasser ist auch bei einer Reihe von anderen Krankheiten in Mund und Rachenraum von Nutzen, wie beispielsweise Parodontose, Entzündung der Mundschleimhaut sowie des Zahnfleisches oder den Folgen von Sodbrennen.

Bewegungsapparat

In der westlichen Welt ist die Technik inzwischen so weit fortgeschritten, dass selbst in den Berufen, in denen schwere körperliche Arbeit gefordert ist, alles getan wird, um den Bewegungsapparat des Menschen zu entlasten. Doch auch wenn die Belastung auf Gelenke und

Wirbelsäule in den meisten Berufen nicht mehr so hoch ist, leidet ein nicht unbeachtlicher Teil der Erwachsenen unter diversen Erkrankungen in diesem Bereich. Verformungen der Wirbelsäule sowie Bandscheibenvorfälle sind ebenso häufig wie arthritische und rheumatische Gelenkerkrankungen. Das liegt daran, dass sich die Belastung im Gegensatz zu früher nicht verringert, sondern nur verlagert hat. Körperliche Beanspruchung ist bei vielen Menschen sehr einseitig geworden. Der verspannte, nach vorn gebeugte Rücken beim Sitzen vor dem Computer, die überlasteten Wirbel durch langes Stehen, aber auch die verformten Fußknochen durch zu hohe Absätze zeugen davon. Auch eine falsche Ernährung kann für entsprechende Erkrankungen des Bewegungsapparats verantwortlich sein. Durch Übergewicht wird das gesamte Skelett belastet, und der Konsum zu vieler minderwertiger Nahrungsmittel stört die Körperfunktionen, was Rheuma und arthritische Erkrankungen begünstigen kann. Doch auch übergroßer Eifer im sportlichen Bereich kann Schäden an Wirbeln und Gelenken verursachen. Die Folgen sind Fehlhaltungen, Unbeweglichkeit und wiederkehrende Schmerzen.

Neben einigen medizinischen Maßnahmen haben Sie auch bei diesen Problemen mit Schungit eine gute Stütze an Ihrer Seite. Die positive Wirkung von Schungitbädern auf Gelenke und Wirbelsäule wird in Karelien seit Jahrhunderten genutzt. Zunächst löst das Bad Verspannungen im gesamten Körper. Darüber hinaus wird die Energie des Schungits über die Haut aufgenommen und an die betroffenen Stellen weitergeleitet, wodurch die Schmerzen nachlassen und der Bewegungsradius wieder zunimmt. Bei partiellen Beschwerden wie Schmerzen im Knie sind Umschläge mit Schungitpaste (Seite 52) sehr wirksam.

Entgiftung

Die inneren Organe, die unseren Körper am stärksten entgiften, sind Leber und Niere. Beide Organe sind verantwortlich für die Bearbeitung und den Abtransport von Giften aus der Nahrung und von Endprodukten des Stoffwechsels. Doch sie können noch mehr: Die Leber ist zuständig für die Produktion von Bluteiweiß und Hormonen, für den Kohlenhydratstoffwechsel, den Fettstoffwechsel und die Speicherung von Vitaminen. In der Niere erfolgt die Ausbalancierung des Wasserhaushaltes, eine langfristige Blutdruckeinstellung, die Hormonbildung und die Regulation des Säure-Basen-Haushalts.

Um all diese wichtigen Funktionen optimal aufrechtzuerhalten, ist es von Vorteil, unserem Körper so wenig Giftstoffe wie möglich zuzuführen, um die Organe zu entlasten. Zusätzlich können wir ihnen mit der Zuführung von Antioxidantien helfen, vorhandene Abbauprodukte und Giftstoffe aufzulösen und abzutransportieren.

Die Wirkung der natürlichen Fullerene im Schungit in Bezug auf die antioxidative Wirkung im Körper habe ich bereits im Kapitel über die Fullerene beschrieben. Mit dem Einsatz von Schungit(-wasser) reduziert sich die Anzahl der toxischen Stoffe im Körper signifikant. Im Hinblick auf die Funktionen von Leber und Niere sowie auf das komplexe Zusammenspiel aller Organe kann eine regelmäßige oder wiederkehrende Anwendung des Schungits nur von Vorteil sein. Die einfachste Möglichkeit ist die Einnahme von Schungitwasser. Mit nur einem Glas täglich können wir unseren Körper bei der Entgiftung wunderbar unterstützen.

Entzündungen, Fieber

Ein russisches Forscherteam hat bei der Arbeit mit dem Schungit vor allem in diesem Bereich große Erfolge erzielt. Seine natürlichen Fullerene regen die Aktivität in den Zellen an, normalisieren deren Stoffwechsel und fördern die Wiederherstellung des Gewebes. Sie wirken entzündungshemmend und begünstigen den Austausch von Botenstoffen in den Nervenzellen. Auf diese Weise stärken sie die Selbstheilungskräfte und die Widerstandsfähigkeit der Körperzellen.

Bei leichten Entzündungen hilft Ihnen ein Schungit, den Sie als Schmuck oder als Handschmeichler am Körper tragen. Günstig ist es auch, einen Umschlag mit konzentrierter Schungitlösung auf die betroffene Stelle zu legen und etwa eine halbe Stunde lang einwirken zu lassen. Dies ist auch bei Fieber eine gute Behandlungsmöglichkeit. Bei partiellen äußeren Entzündungen rühren Sie Schungitpulver mit klarem Wasser an, tragen die Paste 5 mm dick auf und fixieren sie mit einem luftdurchlässigen Verband.

Haut und Haar

Die Haut, das größte Organ des Menschen, ist ein Speicher für Nährstoffe und Wasser, Aufnahmeorgan für Hormone und Medikamente, Ausscheidungsorgan für Abbauprodukte des Stoffwechsels, Sinnesorgan sowie natürlicher Schutzschild gegen Hitze, Kälte und andere Umwelteinflüsse. Die Haut zeigt uns deutlich, wenn im Körper etwas nicht stimmt. Schon geringe Schwankungen im Wohlbefinden können Spuren auf der Haut hinterlassen, wie beispielsweise Unreinheiten, Pickel oder juckende Stellen. Zu den schwerwiegenderen Belastungen, die sich auf der Haut bemerkbar machen können, gehören Allergien, Vergiftungen und psychische Beeinträchtigungen. Die Folge sind verschiedenste Symptome, die von Ekzemen bis hin zu Haarausfall reichen.

Noch schneller sehen wir die Zeichen äußerer Einflüsse auf die Haut, wozu Insektenstiche, Sonnenbrand oder Schürfwunden zählen. Ihre deutliche Sichtbarkeit birgt den Vorteil, dass wir direkt handeln können, um uns und die Haut wieder in einen guten Zustand zu bringen.

Durch die zellreinigenden, aufbauenden Eigenschaften seiner Fullerene ist der Schungit hierbei der ideale Heilstein. Das Hautbild wird dank seiner Unterstützung klarer, kleine Reizungen und Hautausschläge verschwinden. Auch Kopfhaut und Haarwurzeln werden gestärkt, und die Neigung zu Schuppenbildung geht zurück. Die Haut wird am gesamten Körper wieder elastisch und geschmeidig. Oft reicht hierfür schon das tägliche Glas Schungitwasser aus. Bei stärkeren oder großflächigen Hautproblemen, die beispielsweise durch Sonnenbrand, Strahlungen oder auch allergische Hautreaktionen bedingt wurden, haben sich zusätzliche Bäder bewährt. Bei partiellen Reizungen, Ekzemen und schlecht heilenden Wunden helfen Waschungen oder Umschläge mit Schungitpaste. Bei dauerhaft empfindlichen, entzündeten Stellen sowie bei unreiner Haut oder Akne empfiehlt sich die Schungitlotion (Seite 48), die Sie täglich auf die betroffenen Stellen auftupfen.

Herz, Kreislauf, Blutdruck

Der Körper ist von einem Netzwerk von Blutgefäßen durchzogen, durch das stetig das Blut vom Herzen in jeden Bereich des Körpers und wieder zurück gepumpt wird. Der Blutkreislauf ist also das körpereigene Ver- und Entsorgungswerk. Als sein Motor fungiert das

Herz. Alle Organe, Gewebe und jede noch so kleine Zelle unseres Körpers werden von ihm in jeder Sekunde unseres Lebens mit Sauerstoff, Nährstoffen, Mineralien und Botenstoffen versorgt. Das Herz schlägt jeden Tag bis zu 100 000 Mal und schickt dabei 10 000 Liter Blut durch die Gefäße. Damit das Blut alle Bereiche des Körpers erreichen kann, muss es mit einem bestimmten Druck vom Herzen durch den Körper gepumpt werden. Wird dieser Druck aus irgendeinem Grund zu hoch, spricht man von zu hohem Blutdruck. Ein anhaltend zu hoher Blutdruck kann dauerhaft lebenswichtige Organe wie Herz und Gehirn schädigen.

Sie können Ihrem Herz-Kreislauf-System etwas Gutes tun, indem Sie täglich zwei bis drei Gläser Schungitwasser zu sich nehmen. Bei leichten Beschwerden ist es in der Lage, den Kreislauf zu stabilisieren und den Blutdruck zu senken. Bei ernsteren Erkrankungen kann es den Erfolg einer medizinischen Therapie beschleunigen.

Immunsystem

Es gibt Zeiten, in denen der Körper mehr leisten muss als sonst. Die Ursachen dafür reichen von kalten Temperaturen über ungewohnte Arbeiten bis hin zu exzessivem Sport. Umweltbelastungen, falsche Ernährung und Stress gehören ebenfalls dazu. In solchen Zeiten ist der Körper für allerlei negative Einflüsse empfänglicher als sonst. Haben wir uns erst einmal etwas »eingefangen«, muss der Organismus damit zusätzlich klarkommen.

Er schickt die Antikörper dorthin, wo sie am meisten benötigt werden, wodurch andere Regionen derweil unterversorgt bleiben. Ein sicheres Zeichen für eine solche Unterversorgung ist beispielsweise der steife Nacken im Winter: Während fast alle dem Körper zur Verfügung stehenden »Helfer« in Hals und Rachenraum tätig sind, um die Erkältung zu bekämpfen, bleibt der Abtransport von Stoffwechselendprodukten in der Muskulatur unerledigt. Wir spüren Muskelsteifheit und das typische Gliederreißen. Bleibt ein Zustand der Unterversorgung zu lange bestehen, wandert er weiter in andere Körperzonen und kann letztendlich sämtliche Organe sowie Knochen und Zähne betreffen.

Ein gesundes Immunsystem ist deshalb mehr als nur die Resistenz gegen Erkältung. Es gewährleistet allgemeines Wohlbefinden, eine komplikationsfreie Heilung von Wunden und eine gute Versorgung der Organe. Ein intaktes Immunsystem ist unverzichtbar, damit sich der Körper schnell von Belastungen erholt. Von entscheidender Bedeutung ist aber auch, dass die Immunabwehr nicht »übers Ziel hinausschießt« (wie bei Autoimmunerkrankungen). Hier ist ein umfassender Schutz wichtig, der immer dort wirkt, wo er gerade gebraucht wird.

Deshalb empfehle ich Ihnen, zwei- bis dreimal pro Woche Schungitwasser anzusetzen und davon täglich ein Glas zu trinken. Siehe auch Abschnitt »Zum Einnehmen« (Seite 50).

Innere Organe

Die inneren Organe könnte man als ein gut funktionierendes Arbeitsteam unseres Körpers bezeichnen. Jedes davon hat mehrere Aufgaben und hilft den anderen. Nur wenn all unsere Organe stark und leistungsfähig sind, können wir uns wirklich gesund fühlen.

Der Schungit trägt maßgeblich dazu bei, die Funktionen der inneren Organe in einem gesunden Gleichgewicht zu halten. Seine Fullerene helfen den Zellen, sich an ihren gesunden Ursprungszustand zu erinnern und diesen wiederherzustellen. Indem sie den Stoffwechsel anregen, werden belastende Stoffe ausgeschieden und schädliche Mechanismen getilgt. Ihre Fähigkeit, freie Radikale auf ein Mindestmaß zu reduzieren, hält die Organe jung und leistungsfähig. Verschiedene Tests zu den einzelnen Organen haben zudem eine Reihe von erstaunlichen Ergebnissen geliefert:

- Die Funktion des Herzmuskels wurde gestärkt, Erkrankungen an Herzkranzgefäßen gingen schneller zurück, und selbst bei angeborenen Herzleiden wirkte der Schungit positiv auf die Gesundheit.
- Die Blutgefäße wiesen eine gesteigerte Elastizität auf. Die Durchblutung aller Organe und Muskeln wurde angeregt.
- Die Bauchspeicheldrüse arbeitete besser.
- Vergiftungen in der Leber verringerten sich, und bestimmte Toxine wurden aus dem Organ ausgeschieden.
- Die Leistung der Niere wurde gesteigert. Auch hier war zu erkennen, dass Toxine in höherem Maß neutralisiert und ausgeschwemmt wurden.

Gesunde Organe sind also von enormer Wichtigkeit. Es zeigt sich, wie lohnenswert die Arbeit mit dem Schungit sein kann.

Nervensystem

Wie alle Wirbeltiere besitzt auch der Mensch ein zentrales Nervensystem, das den gesamten Körper durchzieht. Die Nervenzelle ist der kleinste Baustein des Nervensystems und besteht aus dem Zellkörper und der Nervenfaser. Diese Faser ist mit anderen Nerven zum Teil meterlang verknüpft. Das Nervensystem dient der Reizwahrnehmung, Weiterleitung und Reaktionssteuerung. Kurz: Es steuert alle wichtigen Funktionen im Organismus.

Die Schungit-Fullerene normalisieren die Nervenprozesse, indem sie die Zellen stärken und ihre Arbeitsfähigkeit sowie ihre Stressresistenz erhöhen. Damit unterstützt der Schungit die Steuerung der lebenswichtigen Funktionen im Allgemeinen auch über diesen Weg.

Verdauung

Der Magen-Darm-Trakt ist wesentlich mehr als nur eine »Verdauungsmaschine«. Er ist auch für die Produktion von lebenswichtigen Substanzen wie Hormonen und andere Botenstoffen zuständig. So wird beispielsweise das Glückshormon Serotonin im Darm produziert. Durch die Säfte im Magen sowie durch die Darmbakterien werden aufgenommene Krankheitskeime zum größten Teil vernichtet. Eine gesunde Darmflora ist also unentbehrlich für ein starkes Immunsystem.

Der Darm ist außerdem wichtig für die Regulation des Wasserhaushalts: Über ihn können große Mengen an Flüssigkeit aufgenommen und ausgeschieden werden. Eine ebenso große Rolle spielt der Verdauungstrakt für die psychische Verfassung von uns Menschen. Wir alle wissen, wie es sich anfühlt, wenn uns etwas »auf den Magen schlägt« oder wenn wir von zu viel Stress Bauchschmerzen bekommen. Um unsere Verdauungsorgane bei ihrer Arbeit zu unterstützen, empfiehlt sich neben der gesunden Ernährung auch hier Schungitwasser. Es neutralisiert eine Vielzahl von Giften. Besonders segensreich ist, es als Prophylaxe gegen langwierige Probleme wie einen Reizdarm einzusetzen. Indem negative Veränderungen im Darm durch die Fullerene im Wasser beseitigt und die gesunden Strukturen in den Verdauungsorganen wieder aufgebaut werden, erlangen diese schnell wieder ihre normale Funktion.

Schungit in Räumen

Geopathogene Störfelder

Die Strahlung aus der Erde ist bis zu einem gewissen Grad völlig natürlich und ungefährlich. Es gibt aber Zonen, in denen sie aufgrund bestimmter Verhältnisse um ein Vielfaches ansteigt. Der Auslöser dafür sind Wasseradern, Erd- oder Gesteinsverwerfungen, das Globalgitternetz mit Reizlinien und Ähnliches. Innerhalb der besagten Zonen ist es in der Erde keineswegs ruhig und friedlich. Vereinfacht gesagt findet dort eine permanente Bewegung in gegensätzliche Richtungen und unter hohem Druck statt. Dadurch entsteht Reibungselektrizität, die ein elektrisches Strahlungsfeld aufbaut. Wie drastisch die Wirkung der Strahlung sein kann, wird beispielsweise an Bäumen ersichtlich, die völlig in sich verdreht sind, weil sie auf solchen Störfeldern wachsen. Sensible Menschen spüren dieses Feld sofort und reagieren darauf mit Schlafstörungen und Reizbarkeit. Auf Dauer tut ein solches Feld aber keinem Menschen gut.

Bei Räumen, in denen wir uns jeden Tag für eine ausgedehnte Zeit aufhalten, möchten wir sicher sein, dass sie frei von geopathogenen Störfeldern sind. Auch hier können wir den Schungit einsetzen, um den gesundheitsgefährdenden Einfluss der Erdstrahlen zu mildern oder in Einzelfällen sogar zu neutralisieren. Dafür eignen sich praktisch alle Schungitrohsteine oder -objekte, wobei die Pyramide am häufigsten gewählt wird. Legen Sie nach Lokalisierung der stärksten Strahlung auf diese Punkte Ihr Schungitobjekt oder einen Rohstein. Bei Störlinien setzen Sie einen Schungit an die Stelle, wo die Linie in den Raum ein- bzw. aus diesem wieder austritt, um deren Strom zu unterbrechen. Sollte sich der

Ursprung vorerst nicht lokalisieren lassen, können Sie auch vier Schungitsteine in die Zimmerecken oder in die vier Himmelsrichtungen legen. Beim eigenen Haus ist es möglich, den Schungit in Boden und Wände mit einzuarbeiten. Es gibt inzwischen auch Wandfarben, die Schungit enthalten. Damit erzielen Sie einen sehr umfangreichen Schutz für Ihr Haus.

Wie erkennen wir, wo sich verstärkte Erdstrahlen befinden? Meistens reicht das eigene Gefühl aus, das uns die betreffenden Stellen mit einiger Sicherheit zeigt sowie, welchen Schungit wir dafür einsetzen können. Um die Räume auf die genaue Lage der Zonen zu untersuchen, können wir die Hilfe von Baubiologen oder Geopathologen in Anspruch nehmen.

Wohnzimmer

Es ist der Raum, in dem wir unsere freie Zeit verbringen. Hier wollen wir es uns gemütlich machen und ganz entspannt nur den Dingen nachgehen, die dabei helfen, uns von den Pflichten des Alltags zu lösen und zu uns zu finden. Deshalb ist es wichtig, dass die Atmosphäre des Wohnzimmers frei von Störungen jeglicher Art ist und bleibt.

Allgemein eignen sich Schungit-Pyramiden sehr gut für Wohnräume. Eine Pyramide von 70 x 70 mm Seitenlänge, auf einem zentralen Punkt aufgestellt, ist in der Lage, einen Raum von mittlerer Größe energetisch aufzuwerten. Sollten sich Störfelder im Raum befinden, die vom Boden ausgehen, können Sie, wie im Abschnitt über »Geopathogene Störfelder« beschrieben, die betreffenden Stellen lokalisieren und die Steine dort auslegen. Kommen gesundheitsgefährdende Schwingungen aus einer Quelle oberhalb des Bodens (Funkmasten und Ähnliches), ist auch hier ihr Ursprung zu lokalisieren. In der Regel treten die störenden Energiewellen durch Fenster und Mauerwerk ein. Platzieren sie zur Abwehr einen Schungit auf dem Fensterbrett, oder hängen Sie eine Schungitscheibe an die betreffende Stelle.

Arbeitsräume

Bei dem Thema »Arbeit« komme ich neben den geistigen und seelischen Belastungen zwangsläufig wieder auf das

Thema Elektrosmog zurück, denn davon gibt es an den meisten Arbeitsplätzen reichlich. Die Wirkungen von elektromagnetischen Wellen auf den lebenden Organismus sind immer noch zu wenig erforscht. Die angegebenen Grenzwerte werden laut Unfallverhütungsvorschrift (DGUV) in einem normalen Büro »noch lange nicht erreicht«. Dagegen sprechen jedoch vermehrt auftretende Erkrankungen bei jenen Menschen, die sich täglich über Stunden in direkter Nähe von elektronischen Geräten aufhalten. Rechner, Handys, Drucker, Telefone, Beleuchtung und vieles mehr können vor allem in der Masse enorme elektromagnetische Felder verursachen und damit die Gesundheit gefährden.

Soweit es möglich ist, sollten Sie Ihren Schungit zwischen sich und dem Gerät platzieren, von dem die meiste Strahlung ausgeht. Ein Würfel oder eine Kugel mit 40 x 40 mm Seitenlänge wäre dafür schon ausreichend. Wenn das nicht möglich ist, können Sie auch eine Kette oder einen Anhänger tragen, um sich zu schützen.

Weitere gesundheitliche Probleme, die mit dem Arbeitsplatz zusammenhängen, gehen in der Regel auf einseitige Belastungen zurück. Ob es sich durch Haltungsschäden aufgrund von langem Sitzen im Büro bemerkbar macht oder durch Magenbeschwerden aufgrund von psychischem Dauerdruck: Wir Menschen sind nicht dafür geschaffen, ohne Pause immer das Gleiche zu tun. Körper, Geist und Seele brauchen Abwechslung, um auf allen Ebenen gesund und widerstandsfähig zu bleiben. Ausreichend Bewegung und die Platzierung eines Schungits sind adäquate Mittel, um Ausgleich zu schaffen. Beim Schungit rate ich zu einem schönen Schmuckstück oder zu einem Handschmeichler für die Hosentasche.

Schlafzimmer

Bedauerlicherweise verfügen nicht alle Schlafräume über eine Energie, in der man einen ruhigen und erholsamen Schlaf findet. In diesem Fall möchte ich gerne auf die entsprechend gewählten Edelsteine in meinem Buch »Schutz durch die Kraft der Steine« verweisen, die wirklich hervorragend für Schlafräume geeignet sind. Wer dennoch auch hier mit dem Schungit arbeiten möchte, sollte eine Kugel von 6 cm platzieren oder vier kleine Kugeln von 2 cm in jeder Ecke, denen ein ausgleichender Stein wie etwa ein Rosenquarz, ein weißer Calcit oder ein Aventurin zur Seite gestellt wird. Denn der Schungit alleine gibt zu viel Energie, um damit ruhig schlafen zu können.

Er vermittelt zwar das Gefühl von eigener Größe und Sicherheit, lässt aber in dieser Stimmung weder Geist noch Körper zur Ruhe kommen. Die Nacht würde dann durch häufiges Aufwachen und viele deutliche Träume gekennzeichnet sein. Letztere Eigenschaft können Sie natürlich auch gezielt nutzen, um durch die Träume mehr über sich selbst zu erfahren. Wählen Sie dazu die Nacht vor einem freien Tag, und trinken Sie vor dem Zubettgehen ein Glas Schungitwasser. Sie können gespannt sein!

Weitere Einsatzbereiche

Lebensmittel

Durch sein hohes Energiefeld ist der Schungit in der Lage, die Zellstruktur jedes organischen Materials positiv zu beeinflussen. Die Fullerene verhindern die Bildung freier Radikale nicht nur in unserem Körper, sondern auch bei allen anderen organischen Materialien. Aus diesem Grund eignet sich der Schungit auch wunderbar zum Frischhalten von Lebensmitteln. Ein Stück Käse oder auch ein Schälchen mit gekochtem Gemüse im Kühlschrank hält länger, wenn man einen Schungit in die Nähe legt. Die Zellmembranen der Lebensmittel bleiben stabiler und werden auf diese Weise weniger anfällig für Fäulnisbakterien. Um diese Eigenschaft zu nutzen, können Sie pro Kühlschrankebene drei bis vier nussgroße Schungitstücke in Ihrem Kühlschrank verteilen. Für die Vorratskammer empfehle ich eine Platte von mindestens 8 x 8 cm und für die Obstschale eine Kugel von ca. 3–5 cm Durchmesser. Häufig können größere Mengen an Lebensmitteln, wie der Großeinkauf für Festtage oder das Buffet für eine anstehende Feier, aus Platzgründen nicht alle gekühlt werden. Hier ist es von Vorteil, eine Schungit-Pyramide in nächster Nähe aufzustellen und dann die verderbliche Ware mitsamt der Pyramide gut abzudecken. Die Haltbarkeit verlängert sich dadurch merklich.

Schungit für Tiere

In der freien Natur kann man Tiere immer wieder dabei beobachten, wie sie Bröckchen von Lehm zu sich nahmen oder an Steinen lecken. Das tun sie nach neuesten Erkenntnissen nicht nur, um Salz aufzunehmen, sondern auch, um an wichtige Mineralien und Spurenelemente zu gelangen. Der Schungit ist für die Versorgung unserer Tiere mit diesen Stoffen ganz besonders gut geeignet, denn er enthält, wie bereits erwähnt, eine Vielzahl davon. Außerdem stärkt er wie bei dem Menschen das Energiefeld und unterstützt die Abwehrkräfte des Tieres. Bei Versuchen mit Nutztieren hat der Einsatz von Schungitpräparaten zudem deutliche Wachstumssteigerungen und eine Erhöhung der Leistungsfähigkeit im Vergleich mit der Referenzgruppe gezeigt.

Eine einfache Methode, Schungit bei unserem Haustier anzuwenden, ist, den Stein in das Trinkgefäß des Tieres zu legen. Dadurch lässt sich eine Wirkung auf sein Befinden auf direktem Weg feststellen und ein Vergleich zu seiner vorherigen Verfassung ziehen. Wenn das Tier gut darauf anspricht, können Sie ihm den Schungit natürlich noch auf andere Weise näherbringen, wie beispielsweise als Anhänger am Halsband. Die Wirkung des Schungits auf unsere Haustiere ist laut gängiger Meinung die gleiche wie bei uns Menschen. Dennoch sollten wir unser Tier bei der Behandlung mit gesundheitsfördernden Mitteln immer genau beobachten, um sicherzugehen, dass es ihm gut geht.

Schungit für Pflanzen

Ein grüner Daumen ist oft nichts anderes als ein kleines Mehr an Aufmerksamkeit und die Wahl des richtigen Hilfsmittels. Schungit eignet sich hervorragend als solches. Er hilft bei der Wiederherstellung eines gesunden Bodenniveaus, indem er einen Großteil der chemischen Rückstände von Herbiziden, Pestiziden und künstlichen Düngemitteln neutralisiert. Gleichzeitig

unterstützt er die Entwicklung und Vermehrung von Mikroorganismen. Ein vorher ausgelaugter, »toter« Boden kehrt schnell zu Lebendigkeit zurück und erhält seine natürliche Kraft über lange Zeit. Ebenso effektiv ist die Wirkung auf die Pflanze selbst: Schungit kann die Keimung von Samen begünstigen und deren Wachstum beschleunigen. Unsere Pflanzen in Haus und Garten entwickeln sich besser, blühen häufiger und behalten ihren gesunden Glanz bei.

Bei einer überschaubaren Anzahl von Zimmer- und Balkonpflanzen reichen ein paar Stücke Schungit im Gießwasser völlig aus. Sie können aber auch – im Besonderen bei größeren Gartenflächen – weitere Produkte wählen, die es zurzeit vorwiegend im Internethandel gibt:

Für die Versorgung der Pflanzen mit den nötigen Mineralstoffen hat sich Schungitmehl sehr gut bewährt. Dazu mischen Sie 10 g Schungitmehl pro Kilogramm Substrat. Bei schon vorhandenen Bäumen und Sträuchern können Sie in der Zeit von Frühjahr bis Herbst ein- bis dreimal Schungitpulver (20–40 g pro Quadratmeter) um die Pflanze streuen, bei Stauden empfiehlt sich, dies im Frühjahr vor dem Austreiben zu tun. Schungitschotter erfüllt den gleichen Zweck, kann aber zusätzlich als Drainage bzw. zur Auflockerung des Bodens genutzt werden.

Übrigens: Auch Schnittblumen können von Schungit profitieren. Sie halten länger, wenn Sie ein kleines Stück davon ins Blumenwasser geben.

Schungit in der therapeutischen Praxis

Jeder Therapeut weiß, wie wichtig sein eigener energetischer Zustand ist, wenn er mit Patienten arbeitet. Er wird immer bestrebt sein, sich in seiner eigenen Mitte zu halten, gut verwurzelt und dennoch offen für die Patienten zu sein, auch für die subtileren Informationen, die sie aussenden. Natürlich kann es vorkommen, dass Sie aus diversen Gründen mal nicht richtig bei der Sache sind oder eine Sitzung sehr aufreibend verläuft. Um selbst in einem solchen Fall schnell wieder zur eigenen kraftvollen Energie zurückzufinden, empfehle ich Gegensatzpaare (Schungit und Talkchlorit oder Schungit und Bergkristall) in Kugel- oder Zylinderform. Eine kurze Meditation vor beziehungsweise nach der Sitzung mit diesen Steinen bringt Sie schnell in Ihre Mitte zurück. Für die Arbeit am Patienten sind die Gegensatzpaare ebenfalls von großem Nutzen. Der Patient wird sich wohler und sicherer fühlen sowie neue Erfahrungen besser verarbeiten. Weitere nützliche Hilfsmittel, vor allem für Therapeuten, die Massagen oder Akupressur anbieten, sind Seifensteine und Massagegriffel aus Schungit. In Praxen, in denen größere Gesprächsrunden stattfinden, können Sie Schungitkissen zum Einsatz bringen.

Meditieren mit Schungit

Beim Meditieren bringen wir den Geist zur Ruhe und versetzen uns in einen Zustand, in dem Atem, Herzschlag und Gehirnwellen in einen Modus gehen, der dem des Tiefschlafes ähnelt, obwohl Körper und Geist wach sind. Dieser Zustand wird auch Alpha-Modus genannt. In ihm können wir uns ganz bewusst unserem Höheren Selbst öffnen.

Wer das Meditieren regelmäßig praktiziert, weiß um seine wohltuende Wirkung. Selbst wenn Sie wenig Zeit haben, empfehle ich, mindestens einmal pro Woche 15–20 Minuten zu meditieren. Schlüpfen Sie dazu in gemütliche Kleidung, und suchen Sie einen ruhigen Ort auf. Versuchen Sie, eine aufrechte und gleichzeitig bequeme Haltung einzunehmen, in der Sie über den gesamten Zeitraum hinweg ruhig sitzen bleiben können. Nehmen Sie den Schungit (beispielsweise eine kleine Kugel) locker in Ihre Hand, und schließen Sie die Augen. Zwölf bewusst tiefe Atemzüge unterstützen Körper und Geist dabei, in die Entspannung zu gehen. Sie können die Übung auch im Liegen ausführen. Dabei sollten Sie darauf achten, dass Beine und Arme locker und leicht geöffnet auf der Unterlage liegen.

Aus dem stressigen Alltag heraus fällt es nicht immer leicht, in den Alpha-Modus zu kommen oder überhaupt die kreisenden Gedanken loszulassen. Ein Stück Edelschungit ist in solchen Zeiten der ideale Begleiter, denn seine reinigende Eigenschaft auf Körper und Geist schafft einen vollkommen klaren inneren Raum, und der höhere Energielevel bringt Erdung und Schutz. Das Vitalfeld und die Chakren dehnen sich aus. Bemerkenswert ist, dass der Schungit dies bei kompletter eigener Neutralität erreicht. Er fordert also keinerlei Aufmerksamkeit auf eigene Charakteristika.

Yoga mit Schungit

Ebenso wie beim Meditieren richten wir auch im Yoga unseren Geist aus, und das sehr häufig mit Körperübungen (Asana). Sie bringen den Stoffwechsel in Schwung, stellen die Beweglichkeit wieder her und führen die Kraft in den Körper zurück. Gleichzeitig zentrieren wir uns und lassen Alltagssorgen los. Yoga ist eine wunderbare Technik, um das körperliche und seelische Gleichgewicht wiederzuerlangen.

Um die Kraft des Schungits beim Yoga zu nutzen, wäre ein Schungit-Objekt (Pyramide, Kugel, Würfel) mit ausreichender energetischer Reichweite günstig. Ist dies nicht möglich, können Sie auch einen Anhänger tragen, den Sie so sichern, dass er Sie während der Übungen nicht stört.

Die Wirkung von Gegensatzpaaren

Dass sich der Schungit hervorragend mit anderen Edelsteinen verträgt, ist inzwischen bekannt. Doch er kann noch mehr: Er übertragt seine Fähigkeit, sich nicht negativ aufzuladen, auf Steine, die in seiner Nähe sind. Während sich die meisten Edelsteine, die man nicht regelmäßig reinigt, mit negativen Schwingungen aus ihrer Umgebung sättigen und diese Schwingungen verstärkt weiterleiten, ist der Schungit in der Lage, die von ihm erschaffene reine Atmosphäre unbegrenzt zu halten und weiterzugeben. Das macht ihn vor allem zum Freund der großen Edelsteine, deren Reinigung sehr viel Mühe bereitet.

Bei der Arbeit mit dem Schungit in Verbindung mit einem anderen Heilstein spricht man häufig von Gegensatzpaaren. Mit »Gegensatz« sind hier nicht Kräfte gemeint, die ungleich oder gar auseinanderstrebend wirken, sondern solche, die sich zu neuen positiven Größen verbinden. Es sind Kräfte, die sich gegenseitig unterstützen und dadurch eine außergewöhnliche Ebene erreichen.

Die allgemeine Wirkung des Schungits in Verbindung mit anderen Steinen ist in erster Linie die Absorption von

Negativem. Er wirkt Basis schaffend, öffnend und Raum gebend. Durch ihn können sich Edelsteine in ihrer ganzen Kraft entfalten und diese Energie auch halten. Noch sind es wenige, die in dieser Form getestet wurden, und es wird sicher noch einige Zeit dauern, bis die »Zusammenarbeit« aller bekannten Edelsteine mit dem Schungit beschrieben worden ist. Bis dahin können Sie sich natürlich auch selbst ein Bild von dem Zusammenwirken der Steine machen. Dabei hilft folgende Meditationsübung.

Meditationsübung

Für diese Übung nehmen Sie am besten eine Sitzhaltung ein, wie sie bei den Statuen der alten Pharaonen zu sehen ist. Dazu setzen Sie sich gerade auf einen Stuhl, nehmen den Schungit in die linke und den zweiten gewählten Stein in die rechte Hand. Ihre Hände ruhen auf den Oberschenkeln. Schließen Sie die Augen, und nehmen Sie ein paar tiefe Atemzüge. Lassen Sie alle Gedanken vorüberziehen, bis Ihr Geist frei und aufnahmebereit ist. Vergessen Sie alles, was Sie bisher von den Steinen in Ihrer Hand gelesen oder gehört haben, und lenken Sie Ihre vollkomme vorbehaltlose Wahrnehmung auf sie. Diese Meditation führen Sie etwa 10–15 Minuten aus. Die Kraft beider Steine kann nun in Ihrem Energiefeld zur Wirkung kommen.

SCHUNGIT mit Achat

Ordnung und Ausrichtung

Die Aufgabe dieses Paares konzentriert sich auf Ausrichtung. Es harmonisiert die Schichten im energetischen Körper, indem es sie in die richtigen Abstände und Verhältnisse setzt. Es rückt in Körper und Geist die »Elemente« wieder an ihren Platz, schiebt sie gerade. Dadurch wirkt das Paar auf der geistigen wie auf der körperlichen Ebene aufrichtend und Raum gebend. Der Schungit hilft uns in Kombination mit dem Achat, Angelegenheiten in einem anderen Licht zu betrachten. Obwohl die eigene Welt noch dieselbe ist, scheint sie klarer und größer, weil die Dinge geordnet sind. Das Paar ist zudem sehr hilfreich bei Muskelverspannungen und bei Fehlhaltungen, die durch anstrengende Arbeitstage entstanden sind.

SCHUNGIT mit Amethyst

Klarheit und Ruhe

Die feine, hohe Schwingung, die den Amethyst auszeichnet, geht direkt in Verbindung mit der verwurzelnden Kraft des Schungits. Die Energie fließt ungehindert durch die einzelnen Chakren bis hinauf ins Dritte Auge und sogar darüber hinaus. Der Geist erhält die nüchterne Klarheit und Reinheit, die der Amethyst zu vermitteln in der Lage ist. Bei der Weite, die der Schungit noch zusätzlich gibt, ist es fast folgerichtig, dass sich Medialität und Transzendenz einstellen. Mit diesem Gegensatzpaar gehen wir in einen Zustand, der durch die Anbindung an etwas Höheres friedvolle Ruhe und einen vollkommen klaren Geist verspüren lässt.

SCHUNGIT mit Bergkristall

Reinigung und Energie

Siliciumdioxid (Quarz) ist das zweithäufigste Mineral in der Erdkruste, während Kohlenstoffverbindungen die molekulare Grundlage allen irdischen Lebens bilden. Bergkristall und Schungit bestehen also aus Stoffen, die für unsere Erde und deshalb auch für uns unverzichtbar sind. Diese zwei großartigen Steine entfalten ihre Wirkung weit über ein gewöhnliches Maß hinaus. Sie reinigen Räume umfassend von negativen Schwingungen und verdichten ihre positive Energie durch den Aufbau von rechtsdrehenden Torsionsfeldern. Sie klären die Aura des Menschen nachhaltig und stärken damit die Lebenskraft um ein Vielfaches.

Hinweis: Sensible Menschen reagieren sehr stark auf dieses Paar und sollten zu Anfang etwas kleinere Steine (nicht mehr als jeweils 20 g) verwenden.

SCHUNGIT
mit Calcit (farblos)

Heilung

Dieses Paar harmoniert so gut, dass man es ohne Weiteres als Dream-Team bezeichnen könnte! Die runde, verbindende Ausstrahlungskraft des Calcit harmonisiert die Zellaktivität, beruhigt und gleicht aus. Sie beseitigt Störfelder und wirkt stärkend auf der physischen wie auf der psychischen Ebene. Sie spüren die ebenmäßige Wirkung wie ein sanftes kühlendes Gel, das sich über schmerzende Stellen legt, egal, ob sie körperliche oder seelische Ursachen haben. Farbige Calcite haben zusätzlich zu der oben genannten Bedeutung folgenden Einfluss:

- Blauer Calcit hilft, den eigenen Weg zu finden und Wünsche verbal zu äußern.
- Orangencalcit schenkt ein sonniges Gemüt.
- Grüner Calcit verleiht Ruhe und Regeneration.

SCHUNGIT
mit Chalcedon

Redekunst stärken und Vorankommen

Das Paar regt eine umfassende Heilung auf körperlicher sowie feinstofflicher Ebene für das Halschakra an, wodurch eine Öffnung dieses Chakras auf Vorder- und Rückseite spürbar wird. Es stärkt die Redekunst noch nachhaltiger, als es der Chalcedon »alleine« kann, weil die Eingebung der Worte durch die Klärung des Geistes, die der Schungit bewirkt, einen breiteren Kanal hat. Durch seine erdende Kraft sendet der Schungit neue Energie von unten nach oben durch den Körper, mit der der Chalcedon in seiner charakteristischen Art die Säfte in Bewegung bringt. So hilft das Paar u. a. Wassereinlagerungen im Gewebe abzubauen und das Immunsystem zu stärken. Darüber hinaus muntert es dazu auf, nach vorne zu streben, es macht die Selbstverständlichkeit des eigenen Tuns bewusst und gibt das dazu notwendige Selbstbewusstsein.

SCHUNGIT
mit Charoit

Kreativität, Energie und Entschlossenheit

Die stabile Basis des Schungits mit der Fähigkeit des Charoits, den Geist und die Psyche flexibel zu machen, statten uns mit Tatkraft und Entschlossenheit aus. Damit führen uns die Eigenschaften des Gegensatzpaares in arbeitsreichen Zeiten wie ein Navigator und lassen uns alle Aufgaben Schritt für Schritt lösen. Zusätzlich wirkt es sich vornehmlich auf unsere Kreativität aus. Es verstärkt die Kanäle für die Intuition, neue kreative Funken springen leichter über, und ihrer Verwirklichung stehen eine beständige Gewissheit sowie die nötige Energie zur Seite.

SCHUNGIT
mit Fluorit

Konzentration und klare Gedanken

Diese beiden Steine bilden ein spürbar gutes Miteinander. Sie wirken angenehm harmonisierend, was auf die bessere Zusammenarbeit der beiden Gehirnhälften zurückzuführen ist. Sie bauen auf, schaffen einen wachen Geist bei gleichzeitiger innerer Ruhe. Sie strukturieren die Gedanken, machen aufmerksam und fördern so die Konzentrationsfähigkeit. Sie ebnen den Weg zu einer gesunden Skepsis und frischen Denkansätzen. Darüber hinaus wirkt sich das Paar auf der körperlichen Ebene angenehm harmonisierend auf Gelenke (insbesondere die Knie) und Wirbelsäule aus.

SCHUNGIT mit Jaspis

Erdung und Kraft

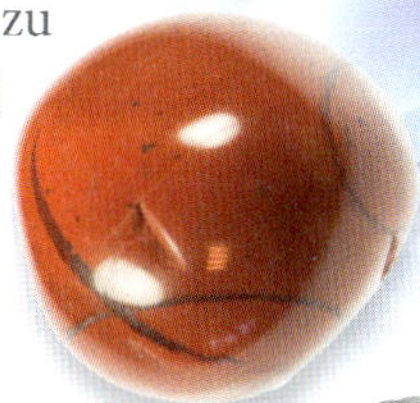

Sie sind ein gutes Paar, um die Kräfte zu mobilisieren. Negative Taten, Worte und auch Gedanken haben einen störenden Einfluss auf unser Energiefeld, egal, ob sie von unserem Gegenüber oder von uns selbst ausgehen. Wir werden dann anfällig für Störungen, unzweckmäßige Handlungen und Fehlentscheidungen, die Energie läuft in Bahnen, wo sie uns keinen Nutzen mehr bringen kann. Schungit und Jaspis wirken dem entgegen. Sie sind beide Steine des ersten Chakras und stehen für ein hohes Maß an Erdung. Mit der kraftvollen energetischen Basis und der realistischen Sichtweise auf alle Dinge fällt es leicht, Negativeinflüsse und Fehlleitungen zu erkennen oder sogar von vornherein auszuschließen. Sie verspüren den Willen für eigene Projekte und sind dabei von Energiewellen mobilisiert, die den Körper geradezu durchfluten.

SCHUNGIT mit Karneol

Mut und Tatkraft

In Verbindung mit dem Schungit treten die typischen Eigenschaften des Karneols noch deutlicher hervor. Er vermittelt Mut, Tatkraft, Freude am Leben und eine gute Beziehung zum eigenen Körper. Seine Qualität als Förderer des Gemeinschaftssinns bekommt durch den Schungit eine fruchtbare Basis. Dieses Paar ist angezeigt, wenn es im täglichen Leben nicht rund läuft. Wenn Schwierigkeiten – vor allem im zwischenmenschlichen Bereich – die Energie rauben, verleiht es den nötigen Mut und die Fähigkeit, schnell zu handeln für einen optimalen Lösungsweg.

SCHUNGIT mit Lapislazuli

Heilung und Inspiration

Die Heilung bzw. die Öffnung des Halschakras ist eines der deutlichsten Themen dieses Gegensatzpaares, doch es ist nicht seine einzige Wirkung. Es verhilft zu Tatendrang bei gleichzeitiger Ruhe im emotionalen Körper, und es regt dazu an, das eigene Leben aufzuräumen.

Zusätzlich entfaltet sich hier wie bei keinem anderen Paar ein neuer Aspekt, für den weder Schungit noch Lapislazuli vorrangig bekannt sind: die künstlerische Inspiration. Der Geist wird von Farben belebt, von der Freude an Kreativität und Gestaltung, egal, auf welchem Gebiet. Der Schungit erinnert uns daran, warum der Lapislazuli »Stein der Könige« genannt wird.

SCHUNGIT
mit Nephrit

Stabilität und Schutz

Die beiden erinnern uns an die Wichtigkeit, Bewährtes in Ehren zu halten. Gleichzeitig helfen sie beim Loslassen von allem, was in uns Kummer und seelische Schmerzen verursacht. Sie schützen uns vor aggressiven geistigen Angriffen, wirken stärkend auf Blase und Niere, womit sie dem Körper bei der Entgiftung und Entsäuerung helfen. Das Gegensatzpaar ist in der Lage, den Menschen in einen stabilen Zustand zu versetzten. Man fühlt sich wohl und gewärmt an genau der Stelle, an der man sich gerade befindet. Dies gilt räumlich wie auch geistig.

SCHUNGIT
mit Peridot

Tatendrang und Unbeschwertheit

Bei diesem Paar werden die typischen Merkmale des Peridots besonders hervorgehoben. Die Energie, die es ausstrahlt, erinnert an einen Tag im Frühling – mit der Aufforderung, das Leben zu genießen. Es fördert Tatkraft, ein sonniges Gemüt und das Bestreben, seine Freude mit anderen zu teilen. Es regt die Aktivität in den Muskeln an, was sich in einem verstärkten Bewegungsdrang äußert. Es ist das Steinpaar, das Ihnen die Sorgen nimmt und Sie animiert, etwas Schönes zu tun.

SCHUNGIT mit Rosenquarz

Liebe und seelisches Gleichgewicht

Die sanfte Energie des Rosenquarzes bekommt durch den Schungit eine neue Dimension. Das Thema ist natürlich Liebe und Herzlichkeit. Das Gegensatzpaar bringt Wärme in den Solarplexus und Weite in die Welt unserer Gefühle. Die Verbindung mit dem, was uns zugeneigt ist, und die liebevolle Versöhnung mit allem Sein sind wieder möglich. Wir spüren Ruhe und Ausgeglichenheit, und unsere Seele kommt wieder ins Gleichgewicht.

SCHUNGIT
mit Sardonyx

Energie und positives Denken

Mit der positiven Einflussnahme auf den Zellstoffwechsel haben diese beiden Steine einen gemeinsamen Nenner. Sie begünstigen die Nährstoffaufnahme und fördern einen schrittweisen Aufbau des Energiefeldes. Auf seelischer Ebene lösen sie Verschlackungen, verscheuchen negative Gedanken und weisen neue Richtungen.

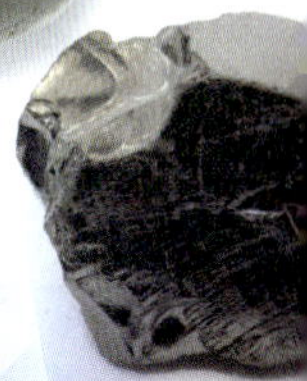

Mit diesem Gegensatzpaar entwickeln wir Tatendrang und den Wunsch, uns auch mit Aufgaben zu konfrontieren, die wir sonst vor uns herschieben.

SCHUNGIT
mit Selenit

Stabilität und Geborgenheit

Trotz seines oft eisigen Aussehens ist der Selenit in der Lage, uns ein warmes, wohliges Gefühl zu geben. Das liegt an der inneren Stabilität, die er uns schenkt. Mit dem Schungit wird diese Eigenschaft noch verstärkt. Das Paar lindert Nervosität und Anspannungen, vor allem wenn sie durch zu viel Stress ausgelöst wurden. Es verleiht das Gefühl von Geborgenheit und Trost, wie es ein wärmendes Heim oder gar eine gutmütige Mutter kann. Selenit und Schungit sind deshalb auch ein fantastisches Paar für Räume: Störfelder werden abgeschwächt und Zonen mit aufreibenden Schwingungen werden ausgeglichen. Damit wird eine stabile und beruhigende Atmosphäre geschaffen.

SCHUNGIT mit Seraphinit

Intuition, Belastbarkeit und Klärung

Der Seraphinit vermittelt die Bereitschaft, sich Herausforderungen zu stellen. Er stärkt Selbstbewusstsein, Belastbarkeit und Lernvermögen. Seine Fähigkeit, Leber und Niere beim Entgiften zu helfen, ist ebenso bekannt wie seine klärende Wirkung auf die Gedanken. Der Schungit mit seiner Fähigkeit der umfassenden energetischen Reinigung verstärkt und verankert die Wirkungen des Seraphinits nicht nur, er schafft auch den Kanal für die subtileren Informationen. Die beiden Steine verbessern so die Intuition oder gar die außersinnlichen Gaben ihres Trägers.

SCHUNGIT
mit Talkchlorit (Speckstein)

Yin und Yang in Balance, Persönlichkeitsentwicklung und Kreativität

Nicht ohne Grund besteht bei den zylindrischen Gegensatzpaaren nach ägyptischem Vorbild eines der beiden aus Talkchlorit, im Volksmund besser als Speckstein bekannt. Er richtet den Gedankenfluss auf das Wohl der Seele aus, wodurch eine Klärung des Unterbewussten erfolgt. Bei jungen Menschen oder solchen, die sich lange Zeit nur von den Strömungen des Lebens haben tragen lassen, ohne selbst das Steuer in die Hand zu nehmen, regt er die Persönlichkeitsentfaltung an. Er erweckt den Willen zum Erfolg und schürt den Ehrgeiz in Schule und Beruf. Gleichzeitig lenkt der Speckstein den Blick auf die natürlichen, schönen Dinge des Lebens und inspiriert zu mehr Kreativität. Körperlich ist er ein guter Heilstein für die Haut.

Das Gegensatzpaar Schungit und Talkchlorit wird zur Harmonisierung der Yin- und Yang-Kräfte eingesetzt. Dabei symbolisiert der Schungit-Zylinder die weibliche Yin- und der Talkchlorit die männliche Yang-Energie. Diese beiden Kräfte befinden sich in ständiger Wechselwirkung miteinander, weil sie bestrebt sind, immer in Balance zu bleiben. Um diese Balance herzustellen und aufrechtzuerhalten, sind Schungit- und Talkchlorit-Zylinder helfende Assistenten. Wir können in der Balance von Yin und Yang die uns zur Verfügung stehende Energie besser handhaben, also auch effektiver und gewinnbringender nutzen.

SCHUNGIT mit Tigerauge

Mut, Stärke und Besonnenheit

Das Paar verleiht jenen Mut, die häufig an sich zweifeln und sich aus diesem Grund nicht getrauen, sich für eine ihnen wichtige Sache ins Rampenlicht zu stellen. Tigerauge in Begleitung von Schungit weckt den Kämpfer/die Kämpferin in uns und scheint uns dabei mit einer besonderen Magie zu helfen. Er wirkt erdend und dennoch feenhaft leicht, er öffnet die Tür zu unseren inneren Schätzen und gibt uns die Besonnenheit, sie richtig einzusetzen.

SCHUNGIT
mit Turmalin (grün und rosafarben)

Quelle der Kraft und Heilung

Schon seit Jahrhunderten wird der Turmalin auch als »der Christusstein« bezeichnet. Womöglich auch wegen des gleichschenkligen, meist sichtbaren Dreiecks, in dem seine Kristalle ausgerichtet sind und welches die Dreifaltigkeit symbolisiert. Oder aber wegen seiner besonderen Kraft.

Zusammen mit dem Schungit wird diese Kraft noch deutlicher. Das Paar verleiht eine außerordentlich hohe Stabilität, die sich auf allen Ebenen des menschlichen Körpers zeigt. Sie ist so vollständig, dass sie seinen Träger in die eigene Mitte zu setzen vermag. In ihr spürt er das Zentrum, die Quelle der Kraft und des Wachstums, die sich nach allen Seiten ausdehnen kann. Die Verbindung mit dem Göttlichen, der Wahrheit und dem Selbst wird möglich – und somit Heilung.

GANZ ANDERS:
die Glimmer

Die einzigen mir bekannten Steine, die sich anscheinend nicht mit Schungit »verstehen«, sind die Glimmer. Der schützende Mantel aus tausend Schichten, wie ihn die Glimmer ausstrahlen, lässt bei großen Steinen die Kraft des Schungits nicht durch. Bei kleinen Stücken von Glimmer dagegen wird dieser Schutzmantel von der Schungitkraft regelrecht »aufgeblättert«. Deshalb kann keiner der beiden sein Potenzial richtig entfalten.

Nachwort

Schutz, Regeneration, Entgiftung und Stressbewältigung: Die Hauptthemen des Schungits sind genau jene, die heute mehr als alle anderen genannt werden, wenn es um unser Wohlbefinden geht. Es scheint, als sei dieser Stein genau zur rechten Zeit zu uns gekommen. Ich bin sicher, dass er mit seiner außergewöhnlichen Kraft noch viele Menschen erreichen wird.

Literatur/Quellen

Martino, Regina: Schungit, Stein der Lebensenergie. Mankau Verlag, 2013.

Gienger, Michael: Lexikon der Heilsteine: Von Achat bis Zoisit. Neue Erde, 2016.

Grauberger, Lilia: Der magische Heilstein Schungit: Das Geheimnis einer russischen Tradition. BoD, 2013.

Über die Autorin

Ulla Rosenberger hat im Rahmen ihrer Ausbildung zur Goldschmiedemeisterin den Zugang zur Geologie, Mineralogie und Gemmologie (Bestimmung von Edelsteinen) gefunden. Seit 25 Jahren beschäftigt sie sich täglich damit. Seit vielen Jahren arbeitet sie im Schirner Mineralienparadies in Darmstadt. Darüber hinaus verfügt sie über eine abgeschlossene pädagogische Ausbildung.

Bildnachweis

Fotografien und Bildgestaltung der Heilsteine: Arne Gutowski, Schirner
Bilder von der Bilddatenbank Shutterstock:
Bild auf allen Seiten: # 246185662 (©Linda Shutoff), Weitere Bilder: S.7 # 95095462 (©jun.SU.), S. 9 # 371490358 (©Sergey Krasnoshchokov), S. 10 # 321063752 (©Away), S. 12 # 327834338 (©ArtTim), S. 14 # 255356995 (©Valentyn Volkov), S. 15 # 130249193 (©molekuul_be), S. 16 # 153671543 (©meunierd), S. 17 # 29257630 (©Sebastian Kaulitzki), S. 26 # 61758697 (©Ziga Camernik), S. 29 # 154360835 (©Avesun), S. 31 # 321190085 (©Rawpixel.com), S. 32 # 366178811 (©Aryut Tantisoontornchai), S. 33 # 243438799 (©Monkey Business Images), S. 46 # 311185976 (©Fablok), S. 50 # 335892650 (©opportunity_327), S. 51 # 261118433 (©Everything), S. 52 # 393912712 (©images72), S. 54 # 140597380 (©GlebStock), S. 56 # 299989529 (©Fly_dragonfly), S. 59 # 339583898 (©Piotr Marcinski), S. 62 # 373840555 (©Syda Productions), S. 68 # 173820527 (©Daniilantiq), S. 76 # 61821151 (©nrey), S. 83 # 89419159 (©Tania Zbrodko), S. 87 # 125340167 (©LuckyImages), S. 90 # 307369526 (©LVV), S. 91 # 238450099 (©Enlightened Media), S. 110 # 152900774 (©MarcelClemens),www.shutterstock.com